Ihr Besuch in VERSAILLES

Redaktionelle Koordination : Denis Kilian, Verlagsdirektor Editions Art Lys
Redaktionelle Bearbeitung und Bildrecherchen : Christian Ryo
Layout und Ausführung : Martine Mène
Pläne : Thierry Lebreton, Dominique Bissière
Herstellung : Pierre Kegels

© Editions Art Lys
4 rue Saint-Fiacre
78000 VERSAILLES

ISBN 2-85495-141-7

Ihr Besuch in VERSAILLES

SIMONE HOOG

Ehrenamtliche Generalkonservatorin des Kulturerbes

BÉATRIX SAULE

Hauptkonservatorin
im Schloss von Versailles

art lys

INHALT

CHRONOLOGIE, GENEALOGIE 6
GESAMTPLAN DER DOMÄNE VON VERSAILLES 8
PLAN DES ERDGESCHOSSES DES SCHLOSSES 10
PLAN DES 1. STOCKWERKS DES SCHLOSSES 12

HISTORISCHE EINFÜHRUNG 14
DAS KAROSSEN-MUSEUM 18
DIE HÖFE UND DIE FASSADEN 20

FÜHRUNG DURCH DIE GROßEN GEMÄCHER

DIE HISTORISCHEN GALERIEN
   DIE KREUZZUGSSÄLE 22
   DIE SÄLE DES 17. JAHRHUNDERTS 24

DIE KÖNIGLICHE KAPELLE 28

DAS GROßE GEMACH DES KÖNIGS
   DER HERKULES-SAAL 32
   DER SALON DES ÜBERFLUSSES 36
   DER VENUS-SAAL 38
   DER DIANA-SAAL 40
   DER MARS-SALON 42
   DER MERKUR-SAAL 44
   DER APOLLO-SAAL 48
   DER KRIEGSSAAL 52
   DER SPIEGELSAAL 54
   DER FRIEDENSSALON 60

DAS GROßE GEMACH DER KÖNIGIN
   DAS SCHLAFGEMACH DER KÖNIGIN 62
   DER SALON DER EDELLEUTE DER KÖNIGIN 66
   DER SAAL DES GROßEN GEDECKS 68
   DER SAAL DER GARDE DER KÖNIGIN 70
   DER KRÖNUNGSSAAL 72

DIE SCHLACHTENGALERIE 74

DER SCHLAFBEREICH DES KÖNIGS

DAS GEMACH DES KÖNIGS
   DIE MARMORTREPPE 76
   DAS VORZIMMER MIT DEM OCHSENAUGE 78
   DAS SCHLAFGEMACH DES KÖNIGS 79
   DAS RATSKABINETT 82

DIE GEMÄCHER DES DAUPHINS
UND DER DAUPHINE 84
   DAS SCHLAFGEMACH DES DAUPHINS 86
   DAS GROßE KABINETT DER DAUPHINE 88
   DAS SCHLAFGEMACH DER DAUPHINE 88

DIE ANDEREN FÜHRUNGEN

DAS KLEINE GEMACH DES KÖNIGS 90
   DAS SCHLAFGEMACH LUDWIGS XV. 90
   DAS PENDELUHR-KABINETT 92
   DAS INNENKABINETT DES KÖNIGS 92
   DER BADESAAL 94
   DIE BIBLIOTHEK LUDWIGS XVI. 95
   DER SPEISESAAL MIT PORZELLANAUSSTELLUNG .. 96
   DER SPIELSALON LUDWIGS XVI. 97

DIE KLEINEN KABINETTE DES KÖNIGS 98

DIE INNENKABINETTE
DER MARIE-ANTOINETTE
   DAS GOLDENE KABINETT 100
   DER KANAPEE-SALON 102
   DIE BIBLIOTHEK 103
   DAS BILLARD-KABINETT 103

DIE GEMÄCHER
VON MADAME VICTORIA
UND MADAME ADELHEID 104

DER OPERNSAAL	106
DIE REVOLUTIONSSÄLE	108
DIE KONSULATS- UND EMPIRE-SÄLE	110
DIE SÄLE DES 19. JAHRHUNDERTS	112

PROMENADEN DURCH DIE GÄRTEN

IM WESTEN

DAS WASSERPARTERRE	114
DAS LETO-BECKEN	118
DAS LETO-PARTERRE	122
DIE KÖNIGSALLEE	124
DAS APOLLO-BECKEN UND DER GROßE KANAL	126

IM NORDEN 128

DAS NORDPARTERRE	130
DIE PYRAMIDE	132
DAS BAD DER NYMPHEN	133
DIE WASSER-ALLEE	133
DAS NEPTUN-BECKEN	135

IM SÜDEN

DAS SÜDPARTERRE	136
DIE ORANGERIE	138

DIE ALLEEN UND DIE BOSKETTE

DIE BACCHUS- UND SATURNALLEE	140
DAS BOSKETT DER KÖNIGIN	142
DER BALLSAAL	143
DIE BOSKETTE DES DAUPHINS UND DER GIRANDOLE	144
DER KASTANIENSAAL	144
DER GARTEN DES KÖNIGS	145
DIE KOLONNADE	146
DIE CERES- UND FLORA-ALLEE	148

DAS KUPPELBOSKETT	150
DAS ENKELADOS-BOSKETT	151
DER OBELISK	152
DIE KINDERINSEL	153
DIE APOLLO-BÄDER	155

PLAN VON TRIANON	156

DIE TRIANON-SCHLÖSSER

DAS GROßE TRIANON	158
DAS SCHLAFGEMACH DER KAISERIN	160
DER SPIEGELSALON	160
DER SAAL DER SEIGNEURS	162
DIE SÄULENHALLE	163
DER RUNDE SALON	164
DER FAMILIENSALON LUDWIG PHILIPPS	165
DER MALACHIT-SALON	165
DAS SCHLAFGEMACH DER KÖNIGIN DER BELGIER	166
DAS TOPOGRAPHISCHE KABINETT DES KAISERS	167
DAS SCHLAFGEMACH DES KAISERS	170
DER SPIELSAAL	171
DIE COTELLE-GALERIE	172
DER GARTENSALON	174

DER FLÜGEL VON TRIANON-SOUS-BOIS

DAS ARBEITSZIMMER DES GENERALS	176
DIE SCHLOSSKAPELLE	177

DAS KLEINE TRIANON	178
DER GESELLSCHAFTSSAAL	180
DAS THEATER DER KÖNIGIN	182
DER FRANZÖSISCHE PAVILLON	183
DAS BELVEDERE	184
DER LIEBESTEMPEL	185

DER WEILER DER KÖNIGIN	186

IN VERSAILLES

Ludwig XIII
(1601-1643)

Anna von Österreich
(1601-1666)

1624
Ludwig XIII. lässt auf dem Hügel von Versailles einen Jagdpavillon errichten.

1631
Ludwig XIII. beauftragt Philibert Le Roy mit dem Bau eines Schlosses an der Stelle des Jagdpavillons.

1643
Letzter Aufenthalt Ludwigs XIII. in Versailles.

Ludwig XIV.
(1638-1715)

Maria Theresia von Österreich
(1638-1683)

1660
Vermählung Ludwigs XIV. mit Maria Theresia von Österreich. Am 25. Oktober führt der König seine neue Gemahlin nach Versailles.

1664
Fest der Vergnügungen der verzauberten Insel.

1668
Große Vergnügungsfeier in Versailles.

1682
Ludwig XIV. erklärt Versailles als offizielle Residenz des Hofes und Regierungssitz.

Dauphin Ludwig (1661-1711)
Ludwig Friedrich (1672-1672)
Philipp Karl (1668-1671)
Maria Theresia (1667-1672)
Maria Anna (1664-1664)
Anna Elisabeth (1662-1662)

Ludwig, Herzog von Burgund (1682-1712)
Philipp, Herzog von Anjou, ab 1700 Philipp V. von Spanien (1683-1746)
Karl, Herzog von Berry (1686-1714)

1684
Fertigstellung des Spiegelsaals.

1710
Die Kapelle wird am 5. Juni geweiht.

1715
Am 1. September Tod von Ludwig XIV. Am 9. September verlässt Ludwig XV. Versailles und zieht nach Vincennes.

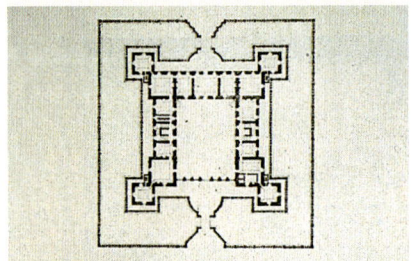

Das «Kleine Schloss» Ludwigs XIII.

Das Schloss von Versailles 1668 von Pierre Patel

Die Kolonnade, ab 1685 von Jules Hardouin-Mansart erbaut

IN DEUTSCHLAND

1618-1648
Dreißigjähriger Krieg.

1629
Friede von Lübeck.

1648
Das Westfälische Abkommen teilt Deutschland in 350 Länder auf.

1658
Der Rheinbund.

1701
Der Kurfürst von Brandenburg nimmt den Titel «König von Preußen» an.

1713-1740
Herrschaft Friedrich Wilhelms I.

1714
Das Abkommen von Rastatt bendet den Krieg zwischen Frankreich und dem Kaiserreich.

Ludwig XV.   Maria Leszczynska
(1710-1774)   (1703-1768)

- Dauphin Ludwig (1729-1765)
- Philipp Ludwig (1730-1733)
- Adélaïde (1732-1800)
- Victoire (1733-1799)
- Sophie (1734-1782)
- Thérèse-Félicité (1736-1744)
- Louise (1737-1787)

1722
Ludwig XV. bestimmt Versailles erneut als seine Residenz.

1736
Am 26. September Eröffnung des Herkules-Saals.

1757
Damien verübt ein Attentat auf Ludwig XV.

1768
Das kleine Trianon-Schloss wird fertiggestellt.

1774
Am 10. Mai erliegt Ludwig XV. der Pockenkrankheit in Versailles

Das Schloss von Versailles 1722 von Pierre-Denis Martin

Ludwig XVI.   Marie-Antoinette von
(1754-1793)   Österreich-Lothringen
                            (1755-1793)

1777
Besuch Josephs II., Kaiser von Österreich, Bruder der Königin.

1783
Unterzeichnung der Versailler Verträge, die die Unabhängigkeit der Vereinigten Staaten von Amerika besiegeln.

1783-1786
Bau des Weilers der Königin.

1789
Eröffnung der Generalstände am 5. Mai, Nach der Stürmung des Schlosses verlassen der König, die königliche Familie und der Hof endgültig Versailles.

Beleuchtung des Belvederes zu Ehren Josephs II. von Claude-Louis Chatelet

Ludwig Philipp
(1773-1850)

1837
Am 10. Juni weiht Ludwig Philipp das dem Ruhm Frankreichs gewidmete Museum ein.

Einweihung der Schlachtengalerie von Jean-Auguste Bard

1740-1786
Herrschaft Friedrichs II. des Großen.

1740-1748
Österreichischer Erbfolgekrieg.

1765-1790
Joseph II. (Bruder von Marie-Antoinette) Kaiser von Deutschland.

1770-1790
Die Künstlerbewegung Sturm und Drang gibt einen Vorgeschmack vom Romantismus des 19. Jahrhunderts.

1774
Goethe veröffentlicht *Die Leiden des jungen Werthers*.

1781
Joseph II. verkündet ein Edikt für die religiöse Toleranz und schafft die Leibeigenschaft ab. Immanuel Kant veröffentlicht die *Kritik der reinen Vernunft*.

1784
Joseph II. setzt die deutsche Sprache als Amtssprache durch.

1786-1797
Herrschaft Friedrich Wilhelms II. von Preußen.

1834
Inkrafttreten einer Zollunion zwischen den deutschen Ländern : der Zollverein.

CHRONOLOGIE, GENEALOGIE – 7

PROMENADEN DURCH DIE GÄRTEN

IM WESTEN
1 Das Wasserparterre
2 Das Leto-Parterre und das Leto-Becken
3 Die Königs-Allee und der grüne Teppich
4 Das Apollo-Becken
5 Der große Kanal

IM NORDEN
6 Das Nordparterre
7 Die Pyramide
8 Das Bad der Nymphen
9 Die Wasser-Allee
10 Das Triumphbogen-Boskett
11 Das Boskett der Drei Fontänen
12 Das Drachenbecken
13 Das Neptun-Becken

IM SÜDEN
14 Das Südparterre
15 Die Orangerie
16 Das Schweizer Wasserbecken

8 – PLAN DER DOMÄNE

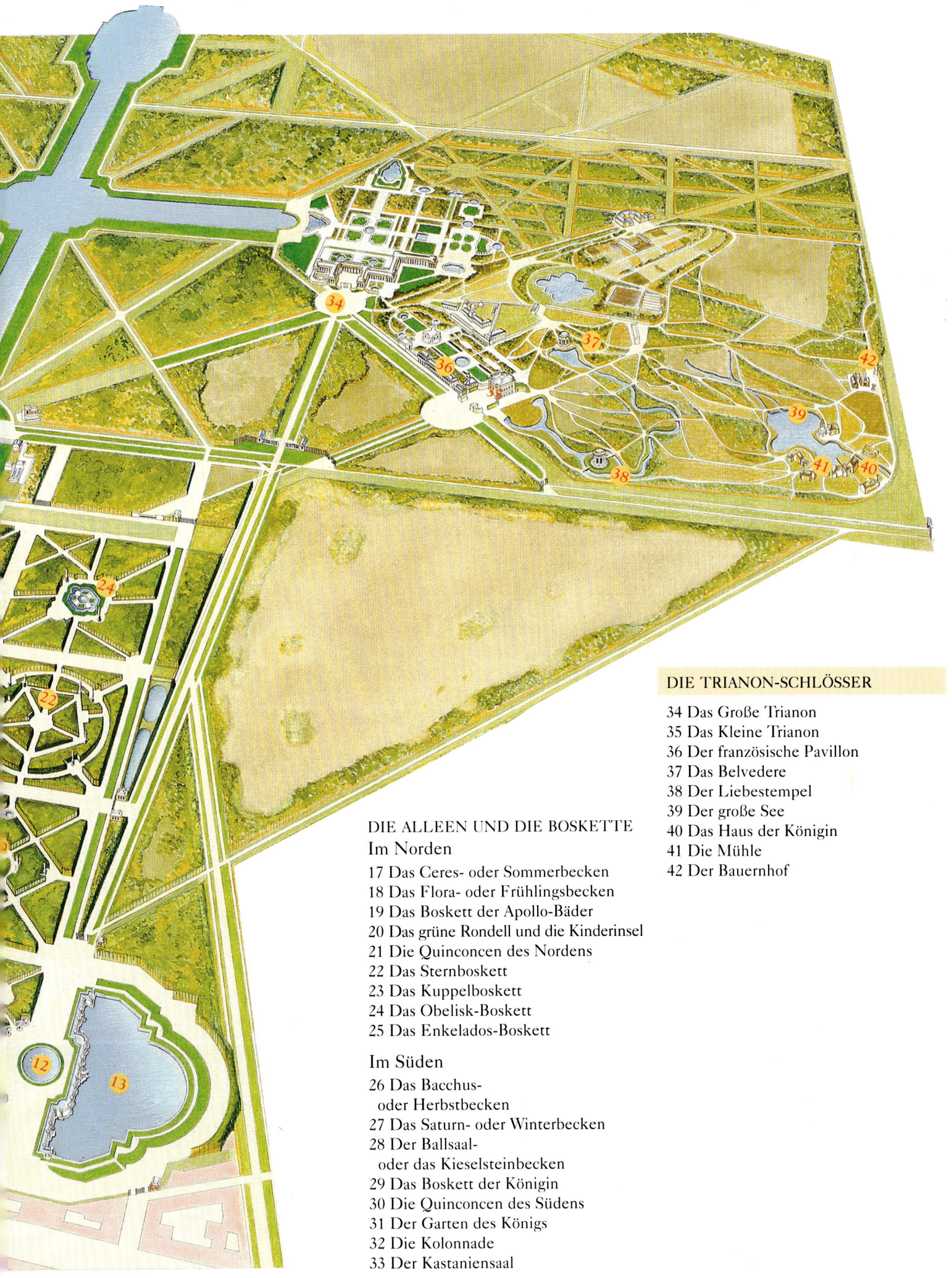

DIE ALLEEN UND DIE BOSKETTE
Im Norden

17 Das Ceres- oder Sommerbecken
18 Das Flora- oder Frühlingsbecken
19 Das Boskett der Apollo-Bäder
20 Das grüne Rondell und die Kinderinsel
21 Die Quinconcen des Nordens
22 Das Sternboskett
23 Das Kuppelboskett
24 Das Obelisk-Boskett
25 Das Enkelados-Boskett

Im Süden

26 Das Bacchus-
   oder Herbstbecken
27 Das Saturn- oder Winterbecken
28 Der Ballsaal-
   oder das Kieselsteinbecken
29 Das Boskett der Königin
30 Die Quinconcen des Südens
31 Der Garten des Königs
32 Die Kolonnade
33 Der Kastaniensaal

DIE TRIANON-SCHLÖSSER

34 Das Große Trianon
35 Das Kleine Trianon
36 Der französische Pavillon
37 Das Belvedere
38 Der Liebestempel
39 Der große See
40 Das Haus der Königin
41 Die Mühle
42 Der Bauernhof

PLAN DER DOMÄNE – 9

DER SCHLAFBEREICH DES KÖNIGS

Das Gemach des Dauphins

1 Der Gardesaal
2 Das erste Vorzimmer
3 Das zweite Vorzimmer
4 Das Schlafgemach
5 Das große Kabinett
6 Die Bibliothek

Das Gemach der Dauphine

7 Das Innenkabinett
8 Das Schlafgemach
9 Das große Kabinett
10 Das zweite Vorzimmer
11 Das erste Vorzimmer

DIE ANDEREN FÜHRUNGEN

Das Gemach der Madame Victoria

12 Das erste Vorzimmer
13 Der Salon der Edelleute
14 Das große Kabinett
15 Das Schlafgemach
16 Das Innenkabinett
17 Die Bibliothek

Das Gemach der Madame Adelheid

18 Das Innenkabinett
19 Das Schlafgemach
20 Das große Kabinett

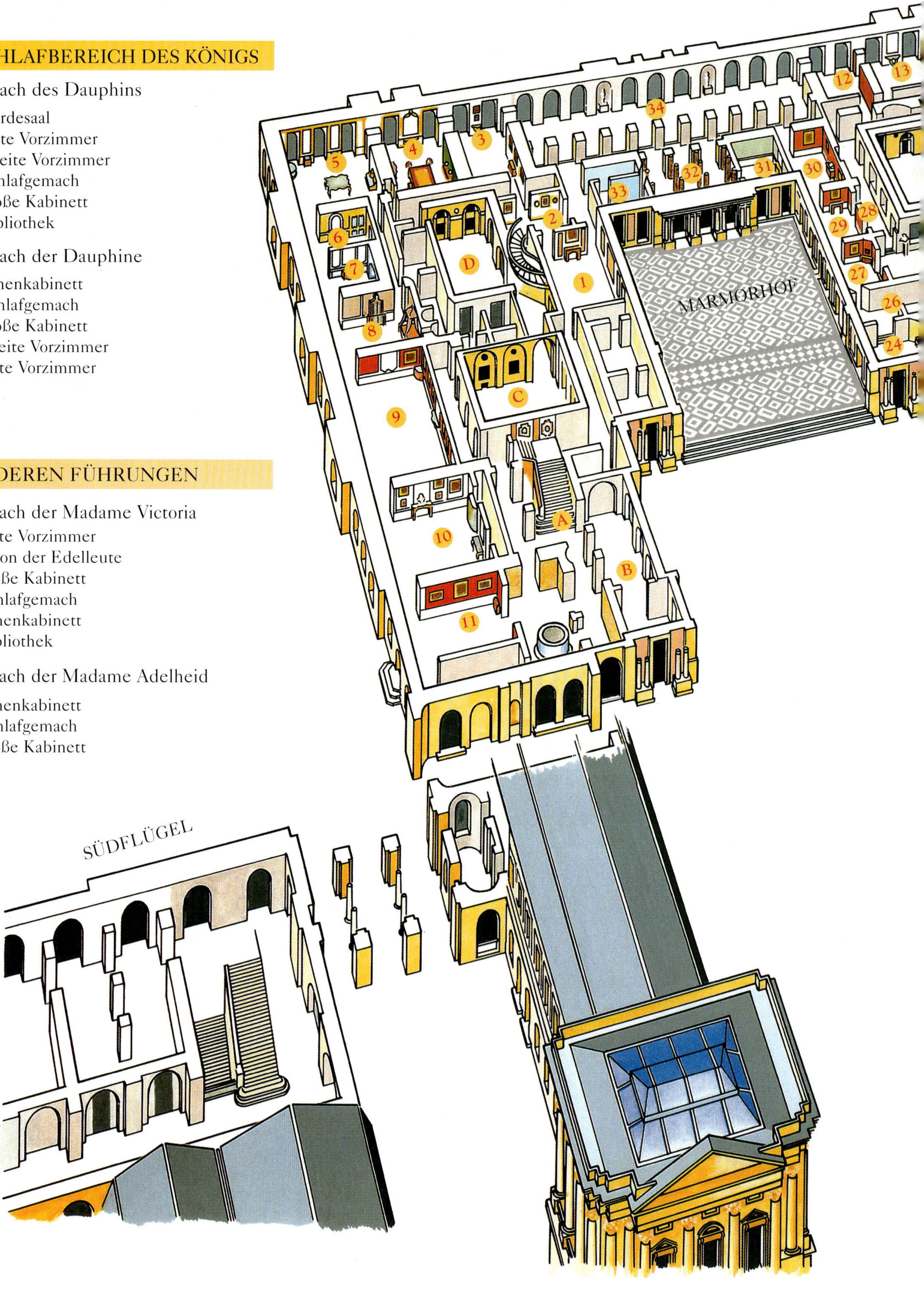

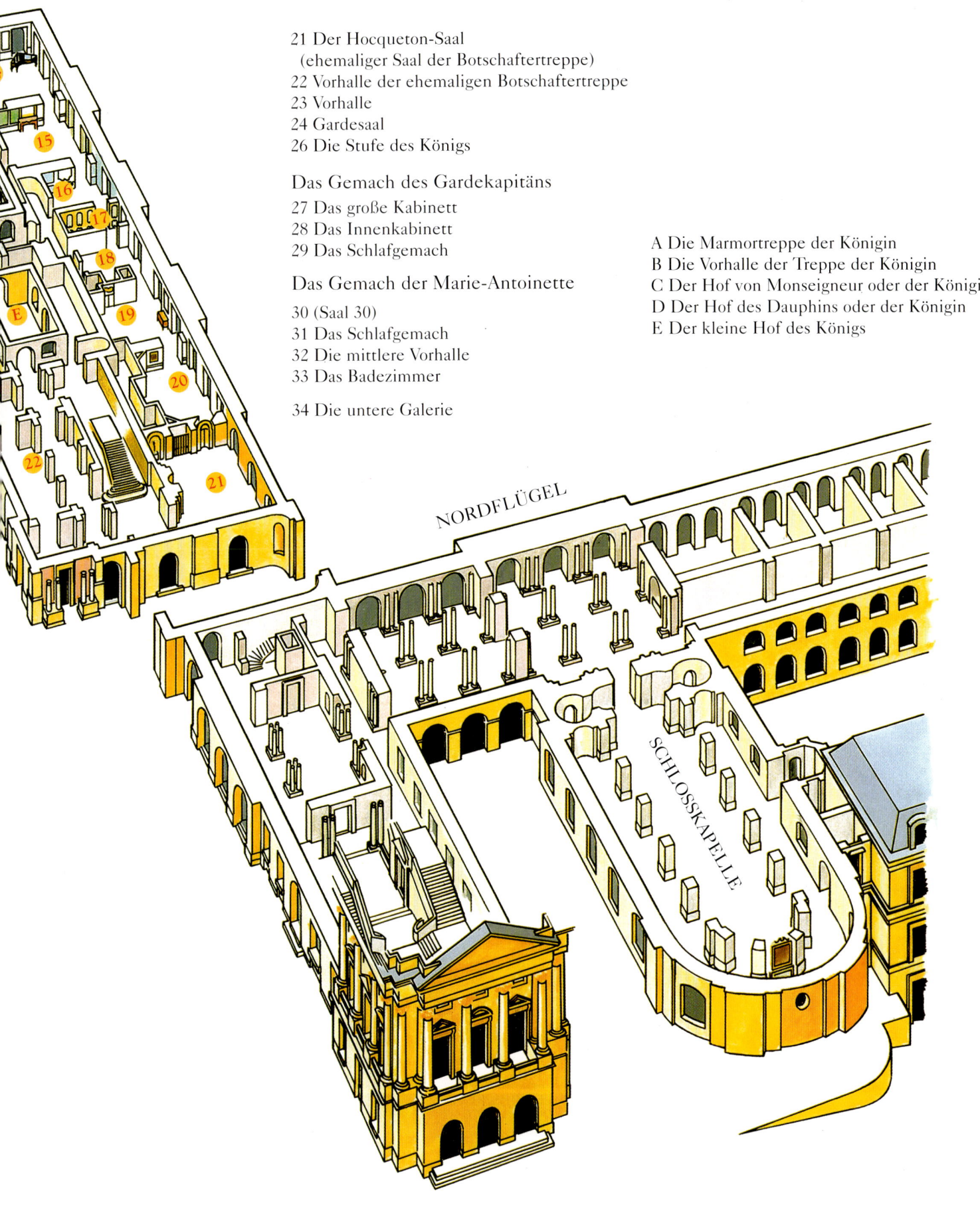

21 Der Hocqueton-Saal
 (ehemaliger Saal der Botschaftertreppe)
22 Vorhalle der ehemaligen Botschaftertreppe
23 Vorhalle
24 Gardesaal
26 Die Stufe des Königs

Das Gemach des Gardekapitäns

27 Das große Kabinett
28 Das Innenkabinett
29 Das Schlafgemach

Das Gemach der Marie-Antoinette

30 (Saal 30)
31 Das Schlafgemach
32 Die mittlere Vorhalle
33 Das Badezimmer

34 Die untere Galerie

A Die Marmortreppe der Königin
B Die Vorhalle der Treppe der Königin
C Der Hof von Monseigneur oder der Königin
D Der Hof des Dauphins oder der Königin
E Der kleine Hof des Königs

ERDGESCHOSS DES SCHLOSSES — 11

FÜHRUNG DURCH DIE GROßEN GEMÄCHER

Das große Gemach des Königs
 1 Der Saal des Überflusses
 2 Der Venus-Saal
 3 Der Diana-Saal
 4 Der Mars-Salon
 5 Der Merkur-Saal
 6 Der Apollo-Saal
 7 Der Kriegssaal
 8 Der Friedenssaal

Das große Gemach der Königin
 9 Das Schlafgemach der Königin
 10 Das große Kabinett oder Saal der Edelleute
 11 Das Vorzimmer des Großen Gedecks
 12 Der Gardesaal

DIE ANDEREN FÜHRUNGEN

Die Innenkabinette der Königin
 a Dependance der Bibliothek
 b Das Innenkabinett
 c Die Bibliothek
 d Das Kanapee-Kabinett
 e Das Kabinett der Herzogin von Burgund

Das Gemach der Madame de Maintenon
 g und h Vorzimmer
 i Das Schlafgemach
 j Das große Kabinett

DER SCHLAFBEREICH DES KÖNIGS

Das Gemach des Königs
 13 Die Marmortreppe (oder Treppe der Königin)
 14 Loggia, diente ebenfalls als Zugang zum Gemach des Königs
 15 Der Gardesaal
 16 Das Vorzimmer des Großen Gedecks
 17 Das Vorzimmer mit Ochsenauge
 18 Das Schlafgemach des Königs
 19 Das Ratskabinett

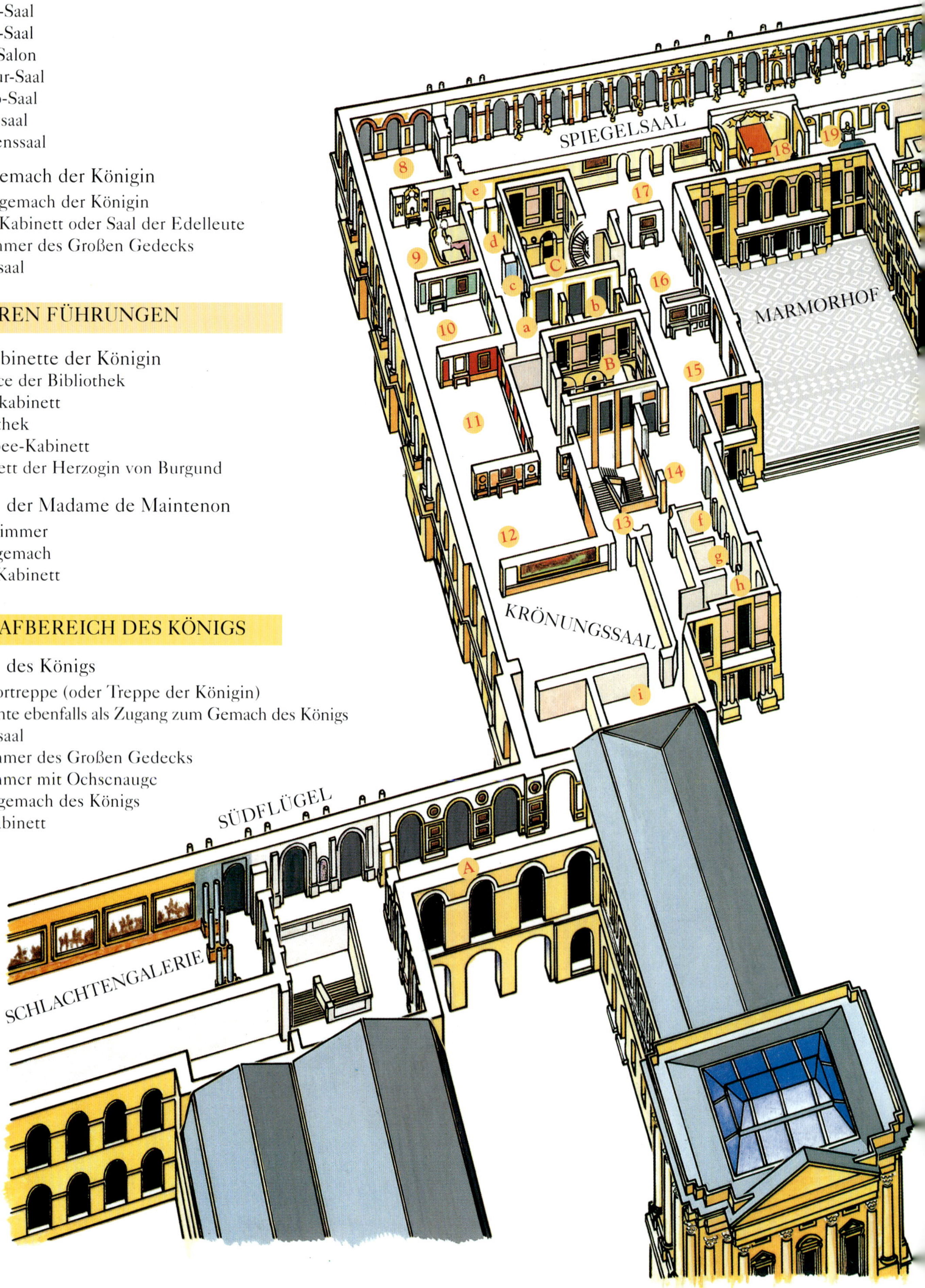

12 — ERSTES STOCKWERK DES SCHLOSSES

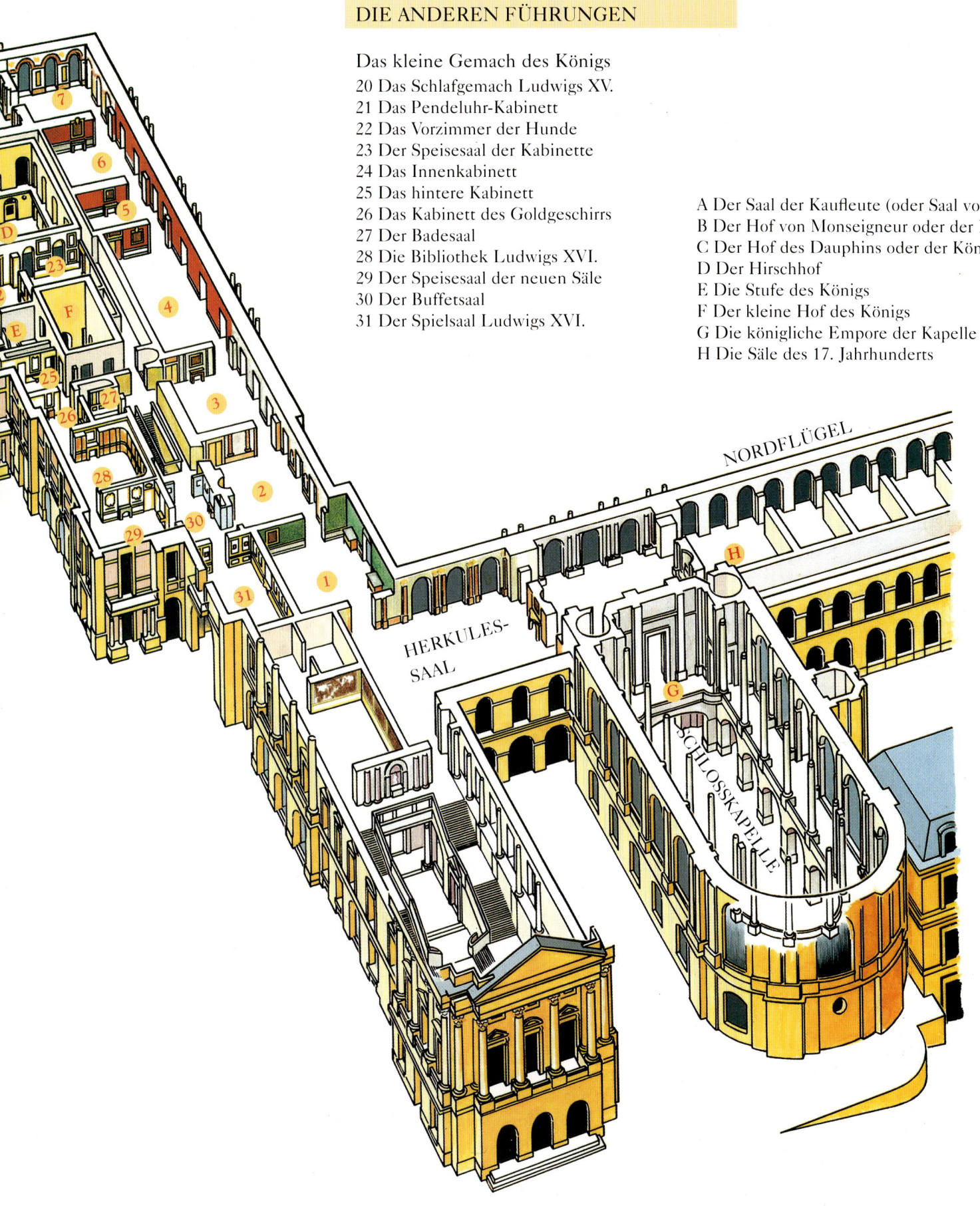

DIE ANDEREN FÜHRUNGEN

Das kleine Gemach des Königs
20 Das Schlafgemach Ludwigs XV.
21 Das Pendeluhr-Kabinett
22 Das Vorzimmer der Hunde
23 Der Speisesaal der Kabinette
24 Das Innenkabinett
25 Das hintere Kabinett
26 Das Kabinett des Goldgeschirrs
27 Der Badesaal
28 Die Bibliothek Ludwigs XVI.
29 Der Speisesaal der neuen Säle
30 Der Buffetsaal
31 Der Spielsaal Ludwigs XVI.

A Der Saal der Kaufleute (oder Saal von 1792)
B Der Hof von Monseigneur oder der Königin
C Der Hof des Dauphins oder der Königin
D Der Hirschhof
E Die Stufe des Königs
F Der kleine Hof des Königs
G Die königliche Empore der Kapelle
H Die Säle des 17. Jahrhunderts

VERSAILLES,
SITZ DER VERGANGENEN MONARCHIE

Zwar war es Ludwig XIII., der schon in den dreißiger Jahren des 17. Jahrhunderts einen von einem Garten umgebenen Jagdpavillon errichten ließ, aber die eigentliche Gründung von Versailles ist auf Ludwig XIV. zurückzuführen. Der Standort lag weder zu nahe bei Paris, das stets zu einem Aufstand bereit war, noch zu weit entfernt, und eignete sich zum Bebauen : er entsprach folglich dem Wunsch des Königs, seinen gesamten Hof um sich zu haben, und dies ermöglichte keine andere königliche Residenz der Umgebung. Ludwig XIV. verlieh im seine Größe und besiegelte sein Schicksal. Von 1682 bis 1789 war Versailles Sitz der absoluten Monarchie und wurde zu deren Symbol, denn dieser vom Willen des Sonnenkönigs gestaltete Ort spiegelt seine Auffassung seiner Macht wieder.

DER SITZ DER MACHT

In der absoluten Monarchie ist der König allmächtig. In Versailles war Ludwig XIV. der Herr des Hauses, so wie er der Herr des Königreichs war, das er über Mittelspersonen, die ihm verpflichtet waren, regierte. Die aus den Geschäften gedrängten «Großen» verfügten nicht mehr über eine wirkliche Macht; jedoch hatten sie das Bedürfnis, bei Hofe zu erscheinen. Dort ließ der König seine Günste zuteil werden : Ämter, Ländereien, Titel, Pensionen... In dieser auf Prestige und Repräsentation basierenden Gesellschaft war Wetteiferei an der Tagesordnung, Luxus Pflicht, der Lebensstil strenge verschwenderisch. Dadurch hielt Ludwig XIV. die Kurtisanen in seiner Hand. Er selbst musste in allem dominieren; in seinen Augen verschmelzten Machtausübung und Machtbezeigung. Seine Residenz musste die größte und die schönste sein; ihr Dekor musste die Symbole seines Ruhmes darstellen. Die Anzahl seiner Dienstleute, im edlen Sinne des Wortes, die im Haus des Königs anwesend waren, musste größer sein als an allen anderen Königshäusern, und sein Hof vielbesucht : je nach dem Tag zählte man zwischen 3 000 und 10 000 Besucher. Diese beachtliche Menschenmenge erforderte eine strenge Regelung. Die Etikette und ihre Schikanen - wer darf zum König vorgelassen werden, wer ist berechtigt, sich in seiner Gegenwart zu setzen, wer schreitet wem voran, usw. - mag heutzutage belanglos erscheinen. Sie war jedoch unerlässlich, denn sie bewies die Rangordnung, die Vorrangstellung des Königs, kurzum : die Hierarchie am Hofe. Sie galt für die intimsten Gesten des Herrschers - Aufstehen, Zubettgehen, Mahlzeiten, Promenade -, die als Staatsakte betrachtet wurden, ebenso wie die Staatsakte als persönliche Akte des Königs erschienen. Eine weitere Besonderheit in Versailles versetzte Außenstehende zu Recht in Verwunderung : sowohl die Gärten als auch die Innenräume des Schlosses waren weitgehend dem Publikum zugänglich. Ohne Mitglied des Hofes zu sein konnte jeder den König erblicken, wenn dieser sein Großes Gemach durchquerte, um sich in die Schlosskapelle zu begeben, jeder konnte bis zu seinem Schlafgemach vordringen, allerdings nur während seiner Abwesenheit. All diese Formen des Repräsentierens, des Regierens, des Wohnens, des Dienens erklären die Anordnung der Räume. Jedoch ließ sich dies nicht in nur einem Tag verwirklichen.

DAS BAUPROGRAMM NAHM FÜNFZIG JAHRE IN ANSPRUCH

Als Ludwig XIV. zu Beginn seiner persönlichen Regentschaft im Jahr 1661 den Landsitz seines Vaters aufsuchte, um sich zu amüsieren und die ersten Anweisungen für den Bau zu geben, war es ihm selbst noch nicht bewusst, dass diese kleine Konstruktion, die den Gebäuden entspricht, welche den Marmorhof umgeben, der Kern eines riesigen Komplexes werden sollte. In diesen Zeiten seines jungen Alters bildeten die Gärten, die alsbald unter die Verantwortung von Le Nôtre gestellt werden sollten, den Rahmen für Festlichkeiten, die so außergewöhnlich waren, dass der Name Versailles in ganz Europa bekannt wurde. Den Beschluss, eine erste Erweiterung vorzunehmen, fasste der König am Tag nach dem großen Vergnügungsfest im Jahr 1668. Seine Architekten Le Vau und d'Orbay umgaben das alte Schloss mit drei zum Park gerichteten Gebäuden. Diese neuen, in der damaligen Geschmacksrichtung der römischen Barockvillen errichteten Steinbauwerke standen so stark in Kontrast mit der Architektur aus Backstein, natürlichem Baustein und Schiefer aus der Zeit Ludwigs XIII., dass man den Eindruck gewann, vor zwei verschiedenen, ineinander übergehenden Schlössern zu stehen. Le Brun, Erster Hofmaler des Königs, lieferte die Zeichnungen für die gesamte Innenausstattung der Großen Gemächer und für die Skulpturen der Springbrunnen, deren Wasserspiele in den Parterres, Alleen und Boskletten vielfältige Formen annahmen. Überall regiert Apollo, der Sonnengott, mit dem der König identifiziert wird.

1677 machte Ludwig XIV. seinen Beschluss bekannt, den Hof und die Regierung in Versailles zu etablieren. Damit begann ein riesiges Bauprogramm, welches trotz der Arbeit von mehreren zehntausend Männern beim endgültigen Einzug 1682 noch lange nicht abgeschlossen war. Unter der Leitung von J. Hardouin-Mansart wurden die bebauten Flächen durch das Errichten der Marställe, des Großen Wirtschaftsgebäudes, der Süd- und Nordflügel und des Großen Trianon verfünffacht. Der Spiegelsaal ersetzte die zentrale Terrasse des ersten Stockwerks. Die Innenausstattung wurde ständig umgestaltet, die Boskette ununterbrochen erneuert, die Wasserzuleitungsarbeiten immer anspruchsvoller. Dann wurde das Fortschreiten des Projektes jedoch vom Ausbruch des Krieges am Ende der Herrschaft beeinträchtigt. Die Schlosskapelle konnte erst 1710 fertiggestellt werden.

Durch den Willen des Königs haben diese fünfzig von Anstrengungen, von Zögerungen und wechselvollen Ereignissen geprägten Jahre schließlich dazu geführt, einen Komplex zu schaffen, in dem alles beherrscht wird - die Natur ebenso wie die Menschen -, wo alles gemäß einer Achse, die den königlichen Sitz in der Mitte durchquert, an der Stelle, wo seit 1701 das Schlafgemach des Königs eingerichtet ist, angeordnet ist.

AM ÄUßEREN HAT SICH NICHTS GEÄNDERT

Als Ludwig XIV. im Jahr 1715 starb, führte dies keineswegs zum Verfall dieser «Mechanik» bei Hofe, welche ein Attribut des Königtums geworden war und gemäß welcher Versailles lebte. Bis 1789 konnte sie sich unter Ludwig XV. und Ludwig XVI. behaupten, die gezwungen waren, dieselben Gesten in denselben Räumen nachzuproduzieren wir ihr Vorfahr. Auch wenn sie immer lästiger, kostspieliger und altmodisch geworden war, konnte keine Reform eingeführt werden, ohne die Privilegien zu stark zu berühren. Also lebte Versailles weiter wie zu Zeiten des großen Königs, zumindest schien es so. Im Gegensatz zu Ludwig XVI., der kein «Gründer»-König war, vollendete Ludwig XV. das Werk seines Urahns im gleichen Stil des Prunks, verkörpert in der Ausstattung des Herkules-Saals, des Neptun-Beckens und des Opernsaals.

Parallel zu diesem offiziellen Leben richteten sich diese Herrscher jedoch das Leben einer einfachen Privatperson ein, das sie von den Zwängen der Etikette befreite. Der Zeitgeschmack tendierte zur Eleganz und zur Intimität. Im Schlossinneren vermehrten sich die kleinen Gemächer und Innenkabinette, in denen nur ein kleiner Kreis der familiären Gesellschaft in ständig der Tendenz angepassten Dekors empfangen wurden. Rundum fand man hier den Ausdruck des feinsten Raffinements in der Ausstattung, der Unterhaltung, der Musik, der Gastronomie...

Könige und Königinnen verschwanden zu oft in ihren Privatgemächern oder in Trianon. Ludwig XV. und stärker noch Marie-Antoinette nahmen diese Haltung ein, ohne sich der Konsequenzen bewusst zu werden. Die Kurtisanen langweilten sich : was nützt es, nach Versailles zu kommen? Kurz vor der Revolution war der Hof häufig verlassen, der Adel hatte sich vom König entfernt.

VON DER REVOLUTION BIS HEUTE

Die Revolution leerte das Schloss seiner Möbel, verschonte jedoch das Gebäude. Nach jahrelanger Vernachlässigung wurde es erst von Napoleon I., anschließend von den Königen Ludwig XVIII. und Karl X., beide Brüder Ludwigs XVI., restauriert. Keiner entschloss sich jedoch, hier zu regieren. Sich in Versailles niederzulassen käme einer Provokation gleich : es würde zu stark eine Rückkehr zum Ancien Régime und seinen Privilegien bedeuten. Nachdem man nicht wusste, welchem Zweck das Schloss dienen sollte und sogar erwog, es abzureißen, wurde es von Ludwig Philipp gerettet. Als Zeichen einer nationalen Versöhnung gestaltete der «König der Franzosen» Versailles in ein «dem Ruhm Frankreichs» gewidmetes Museum um. Die 1837 eröffneten historischen Galerien schildern eine monumentale Zusammenfassung der Geschichte Frankreichs, von der Gründung des Königreichs bis zur heutigen Zeit.

Neben dem Geschichtsmuseum bemühen sich Konservatoren und Architekten seit Anfang des 20. Jahrhunderts, die königlichen und fürstlichen Gemächer, die den Mittelpunkt des Schlosses bilden, wieder einzurichten und die Gemälde- und Skulpturensammlungen, die sich in den Flügeln befinden, zu bereichern.

Drei Jahrhunderte nach ihrem Entstehen bleibt die Domäne, trotz der Abtrennung seiner Jagdgehege, erheblich, mit ihren drei Schlössern, ihrem Garten, ihrem Park und ihren Nebengebäuden : 800 ha Fläche, 20 km Straßen, ebenfalls 20 km Mauerumfriedungen, 200 000 Bäume und noch mehr jährlich gepflanzte Blumen, 35 km Rohrleitungen, 11 ha Bedachungen, 2153 Fenster, 67 Treppen ...

DAS KAROSSEN-MUSEUM

Das Karossen-Museum ist in einer Galerie des 1680 von J. Hardouin-Mansart errichteten Großen Marstalls untergebracht, deren ursprüngliche Ausstattung mit den Paneelen aus Eichenholz, den Futterkrippen und den eleganten schmiedeeisernen Laternen beibehalten wurde. Die hier ausgestellten Hofkutschen wurden von Ludwig Philipp zusammengetragen. So kamen die Hochzeits-Limousinen Napoleons I. nach Versailles : sieben Prunkwagen, die vom Höhepunkt des Glanzes des kaiserlichen Hofes am 2. April 1810 zeugen. Dies gilt auch für die Krönungskutsche Karls X., welche der Architekt Percier für Ludwig XVIII. entworfen hatte, von diesem jedoch nie benutzt wurde aufgrund des politischen Umfelds der noch jungen Restauration. Ludwig Philipp erwarb ebenfalls Sänften und Schlitten; letztere befanden sich schon unter dem Ancien Régime in Versailles und dienten zu Wettrennen in den verschneiten Parkalleen oder auf dem zugefrorenen Großen Kanal. 1833 kam der Leichenwagen Ludwigs XVIII. hinzu; er konnte als einziger königlicher Leichenwagen erhalten werden.

Schlittenkutsche, Frankreich, um 1730, alte königliche Sammlung

Leichenwagen Ludwigs XVIII., Entwurf der Architekten Lecointe und Hittorff; Karosserie und Fahrwerk : Daldringen, Karosseriebauer-Sattler des Königs; Skulpturen : Roguier; Bildhauerei, Garnituren : Renault, Polstermeister

DIE HÖFE UND DIE FASSADEN, STADTSEITE

Drei breite Alleen (avenue de Saint-Cloud, avenue de Paris, avenue de Sceaux), zwischen welchen sich der Große und der Kleine Marstall befinden, münden am Paradeplatz, der seinen Namen aufgrund der hier abgehaltenen Militärübungen der königlichen Armee erhalten hatte. Hinter dem Eingangstor, überragt vom Wappen Frankreichs, folgen drei immer enger werdende Höfe aufeinander : der Ehrenhof, der königliche Hof (der unter dem Ancien Régime von einem zweiten Tor abgeschlossen war, an der Stelle, wo heute das 1837 errichtete Standbild Ludwigs XIV. steht) und der Marmorhof. Auf diesen Marmorhof blickt das «kleine Schloss» Ludwigs XIII. mit seinem Schieferdach und den Fassaden aus Ziegel und Naturstein, die Ludwig XIV. zu erhalten wünschte.

Mehrere Umbaupläne der Fassaden wurden in der zweiten Hälfte des 18. Jahrhunderts erstellt, darunter der vom Architekten Gabriel im Norden des königlichen Hofes erbaute Pavillon.

Das von dem Wappen Frankreichs überragte Eingangstor

FÜHRUNG DURCH DIE GROSSEN GEMÄCHER

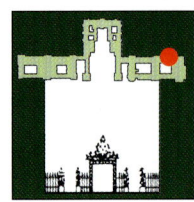

DIE HISTORISCHEN GALERIEN

Als König der Franzosen von 1830 bis 1848 lag es Ludwig Philipp am Herzen, die Partisanen der verschiedenen Regierungsformen, die seit 1789 aufeinander gefolgt waren, zu versöhnen. Mit der Einweihung des «dem Ruhm Frankreichs» gewidmeten Museums machte er 1837 aus Versailles, dem Symbol der Monarchie des Ancien Régime, einen Ort des Gedenkens der gesamten Geschichte Frankreichs. Es werden alle großen, an der Gründung der französischen Nation beteiligten Figuren erwähnt, von Clovis bis zu Ludwig Philipp selbst, ohne Napoleon I. oder Ludwig XIV. zu vergessen. Er gestaltete die in den Nord- und Südflügeln gelegenen Gemächer der Fürsten oder der Kurtisanen in weitläufige Säle um, in denen die den Ereignissen und den genannten Persönlichkeiten zeitgemäßen Gemälde oder Skulpturen oder diejenigen, die er bei damals beliebten Künstlern in Auftrag gab, ausgestellt wurden.

DIE KREUZZUGSSÄLE

Die hier dargestellte Vision der Heldenepos der acht Kreuzzüge, die zwischen dem 11. und dem 13. Jahrhundert stattfanden, ist die der Romantiker, in einem neogotischen Dekor, der der in der ersten Hälfte des 19. Jahrhunderts herrschenden Vorliebe für das Mittelalter entspricht. Die Decken sind mit den Wappen der Familien verziert, von denen sich manche anlässlich der Expeditionen in den Mittleren Osten ausgezeichnet haben. Die im größten der fünf Säle ausgestellte Tür aus Zedernholz und der Mörser aus Bronze stammen aus dem Ritterhospiz von Saint-Jean de Jerusalem in Rhodos und waren ein Geschenk von Sultan Mamoud an Ludwig Philipp im Jahr 1836.

Bohémond I.
Prinz von Antiochia,
von Merry-Joseph Blondel

DIE SÄLE DES 17. JAHRHUNDERTS

In dem von Ludwig Philipp errichteten Museum der Geschichte Frankreichs sind diese im Nordflügel gelegenen Säle der Ikonographie des 17. Jahrhunderts gewidmet und stellen somit eine ausgezeichnete Einführung zur Besichtigung der Gemächer dar, denn sie stellen Persönlichkeiten und Ereignisse vor, die zeitgemäß mit der Konstruktion von Versailles sind oder mit der Ahnenfolge der Bourbonen in Verbindung stehen.

Die Herrschaft Ludwigs XIV. belegt selbstverständlich den größten Teil mit Werken, die unter anderem das Leben bei Hofe, die Handwerker und die hohen Staatsdiener, aber auch die talentierten Künstler erwähnen, welche der Monarch so gut um sich zu sammeln vermochte. Gemälde wie beispielsweise das Werk von Henri Testelin, welches Colbert darstellt, wie er Ludwig XIV. die Mitglieder der 1666 gegründeten Königlichen Akademie für Wissenschaften (siehe folgende Seite) vorstellt, zeugen vom Interesse des Herrschers an der Entwicklung der Wissenschaften.

Oben :
Jean-Baptiste Colbert
(1619-1683)
Generalkontrolleur
für Finanzwesen,
von Claude Lefevre

Rechts :
André Le Nôtre
(1613-1700),
Generalkontrolleur
der Gärten des Königs,
von Carlo Maratta

Memoiren der Gräfin de Boigne

« Ich erhielt eine Einladung zur Einweihung von Versailles [1837]. Ich glaube nicht, dass es möglich ist, etwas Prächtigeres zu erfinden als das für das Fest aufgestellte Mobiliar; es war der Räumlichkeiten würdig, und das ist ein großes Elogium. Die Gesellschaft, die sich dort versammelt hatte, schien recht heterogen. Die Bourgeoisie hatte Ludwigs XIV. Palast in Ansturm genommen. Journalisten waren zahlreich vertreten und brachten dieses Gequassel in Gang, welches ihnen allerorts folgt und sich in diesem Saal entfaltete, wobei sie sich vielleicht selbst bewusst waren, dass sie nicht hierher gehörten. Der König saß unter dem Gemälde der Galerie, wo in großen Goldbuchstaben geschrieben stand : « Der König regiert selbständig ». Und da genau dies Ausgangspunkt der langen Polemiken zum Text des *der König herrscht, aber regiert nicht* war, überzeugten wir uns, dass dieser Vorfall kommentiert werden würde. »

Henri de la Tour d'Auvergne, Vicomte de Turenne, Marschall von Frankreich, von Charles Le Brun

Oben :
Das Schloss und die Gärten von Versailles 1668, von Pierre Patel

Linke Seite :
Colbert stellt Ludwig XIV. die Mitglieder der 1666 gegründeten Königlichen Akademie für Wissenschaften vor (Detail), von Henri Testelin

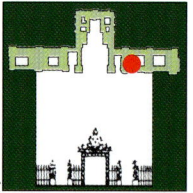

DIE KÖNIGLICHE KAPELLE

Die 1710, also nur fünf Jahre vor Ludwigs XIV. Tod fertiggestellte Kapelle ist die fünfte Kapelle des Schlosses, jedoch ist sie als einzige ein eigenständiges Bauwerk. Die von Hardouin-Mansart angefertigten Pläne wurden 1699 genehmigt, und nach dessen Tod im Jahr 1708 wurden die Arbeiten von dessen Schwager Robert de Cotte weitergeführt. Die dem Heiligen Ludwig geweihte Kapelle ist wie die pfälzischen Kapellen gestaltet, mit einem Erdgeschoss für das Publikum und die «Würdenträger», und einem dem Herrscher und der königlichen Familie vorbehaltenen Stockwerk. Der König wohnte der Messe auf der königlichen Empore bei, welche auf derselben Ebene wie das Große Gemach lag. Der Weg, den er jeden Morgen zurücklegte, um am Gottesdienst teilzunehmen, führte vom königlichen Schlafgemach durch den Spiegelsaal, anschließend durch die großen Salons und die obere Vorhalle der Kapelle. Er stellte einen wichtigen Moment im Alltagsleben des Hofes dar. In dieser Kapelle wurden zwischen 1710 und 1789 die Zeremonien des Ordens des Heiligen Geistes, die Taufen und die Trauungen der «Kinder Frankreichs» abgehalten.

Über dem Altar erhebt sich, gegenüber der königlichen Empore, die Orgel von Robert Cliquot (1707-1711) (restauriert und 1995 eingeweiht), auf welcher François Couperin le Grand oftmals Gelegenheit hatte zu spielen.

> **LISELOTTE VON DER PFALZ VERSAILLES, 20 FEBRUAR 1695**
>
> « Es ist eine große Ehre, an der Seite des Königs der Predigt lauschen zu dürfen. Ich würde jedoch mit Freuden von diesem Platz zurücktreten, da S.M. mir nicht erlauben will, zu schlafen. Sobald ich einnicke, stößt der König mich am Ellbogen und weckt mich.»

Kreuzniederlegung, Basrelief aus Goldbronze des Hauptaltars, von Corneille Van Clève

SAINT-SIMON, ERINNERUNGEN

« Der König nahm jeden Tag an der Messe teil, die stets von Motetten begleitet wurde. Er stieg jedoch nur bei großen Feierlichkeiten oder Zeremonien in die Kapelle hinab. Auf seinem Weg zur Messe oder auf dem Rückweg konnte jeder, der es wünschte, den König ansprechen, sofern er zuvor den Gardekapitän davon in Kenntnis gesetzt hatte und für würdig befunden worden war. Während der Messe wurden die Minister unterrichtet, und sie versammelten sich im Schlafgemach des Königs, wo Personen von Stand sich ihnen nähern konnten, um sie zu konsultieren oder sich mit ihnen zu unterhalten. Wenn der König von der Messe zurückkam, stand ihm der Sinn nicht nach Vergnügungen; meist bestellte er unverzüglich den Staatsrat zu sich. Damit war der Morgen dann beendet.»

Mittlerer Teil des Gewölbes der Kapelle: Die Glorie des Gottvaters als Überbringer des Versprechens der Erlösung für die Welt, von Antoine Coypel

DAS GROßE GEMACH DES KÖNIGS

Das große Gemach des Königs zeigt im Norden auf die Gärten und liegt hinter den von Hardouin-Mansart gestalteten Fassaden. Hier fand das öffentliche Leben des Königs statt, während sich sein Privatleben in den auf die Höfe blickenden kleinen Gemächern (welche im 18. Jahrhundert auch innere Gemächer genannt wurden) abspielte. Es war also ein Prunkgemach, aber auch ein Empfangsgemach, besonders anlässlich der «Gemächerabende», welche montags, mittwochs und donnerstags abgehalten wurden : «das, was man Gemächerabend nannte, war das Zusammentreffen des ganzen Hofes, von sieben Uhr abends bis zehn Uhr, wenn der König im großen Gemach zu Tisch zu gehen pflegte, von einem der Salons am Ende der Großen Galerie [Spiegelgalerie] bis hin zur Empore der Kapelle.» (Saint-Simon).

DER HERKULES-SAAL

Nachdem er während des Baus der heutigen Kapelle, die 1710 fertiggestellt wurde, als Kapelle gedient hat, wurden hier über eine lange Zeit Bauarbeiten durchgeführt. Der 1712 begonnene Dekor, Datum, an welchem hier das gegen 1570 von Veronese für das Refektorium des Servitenklosters in Venedig geschaffene Monumentalgemälde *Das Gastmahl bei Simon*, ein 1664 von der Republik Venedig überreichtes Geschenk an Ludwig XIV., angebracht wurde, wurde beim Tode des Sonnenkönigs 1715 unterbrochen und erst 1725 wieder aufgenommen. Unter Einfluss der Farben und Harmonien von Veronese schuf François Lemoine die Deckenverzierung, welche die Apotheose des Herkules darstellt und wo er zum Ausdruck bringen wollte, dass «die Tugend den Menschen erhebt». Dieses prachtvolle Werk, auf welchem 142 Figuren zu erkennen sind, erweckte den Enthusiasmus Ludwigs XV. Trotz dieses Erfolges wählte der von dieser gigantischen Arbeit erschöpfte Künstler kurz darauf den Freitod.

Über dem Kamin :
Elieser und Rebekka, von Paul Veronese

DER SALON DES ÜBERFLUSSES

Ursprünglich öffnete sich dieser Salon über die hintere Tür zum Kabinett der Kuriositäten oder der Raritäten Ludwigs XIV. (heute als Spielsalon Ludwigs XVI. eingerichtet). Die Sammlungen der raren und kostbaren Stücke des Königs, darunter das wertvolle königliche «Nef», ein vergoldeter Tafelaufsatz in Form eines Schiffes (dargestellt auf der über dieser Tür gemalten Brüstung) haben den Deckendekor inspiriert, der von René-Antoine Houasse unter der Leitung von Charles Le Brun geschaffen wurde. An den «Gemächerabenden» wurden hier Erfrischungsbüfetts angerichtet.

Asiatische Gestalt, von R.-A. Houasse

DER VENUS-SAAL

In diesem sowie in dem darauf folgenden Saal mündete die berühmte Botschaftertreppe (1752 abgerissen). Dieser Raum diente somit als Hauptzugang zum Großen Gemach; er war ebenfalls der prunkvollste Saal mit seinen Pilastern und Säulen aus Marmor, seinen vorgetäuschten Perspektiven, die die Architektur des Saals verlängern, Werke von Jacques Rousseau, der ebenfalls der Autor der beiden an der Fensterseite gemalten Trompe-l'oeil ist, welche die Statuen von Meleager und Atalante darstellen. Das von R.-A. Houasse geschaffene Deckengemälde hat als Thema: «Venus, die Gottheiten und Mächte ihrem Reich unterwerfend». Die Wölbungen sind mit vier Gemälden verziert, welche von in Camaieu gemalten Basreliefs getragen werden: links auf der Seite des Salons des Überflusses: *Augustus leitet die Zirkusspiele* (Anspielung auf das große Reiterfest, das «Carrousel» von 1662); den Fenstern gegenüberliegend: *Nebukadnezar und Semiramis bei der Errichtung der hängenden Gärten von Babylon* (Anspielung auf die Arbeiten der Königshäuser); seitens des Diana-Saals: *Alexander nimmt Roxane zur Frau* (Anspielung auf die Hochzeit Ludwigs XIV.); auf der Fensterseite: *Cyrus, nimmt die Parade seiner Truppen ab und rüstet sich für die Rettung einer Prinzessin* (Anspielung auf den Krieg von 1667). In einer Nische zwischen den zwei hinteren Türen erhebt sich die Statue Ludwigs XIV., ein Werk von Jean Warin, der es 1672 dem König vermachte.

> **MERCURE GALANT, DEZEMBER 1682**
>
> « In diesem Saal wurden leichte Mahlzeiten eingenommen. Ringsherum sieht man Tische, auf welchen Speisen angerichtet sind. Diese Tische sind mit silbernen Leuchtern und runden, länglichen oder viereckigen Körben in Filigranarbeit bedeckt, welche mit Pyramiden aus frischem Obst, Zitronen, Orangen sowie Konfitüren und Süßigkeiten aller Art gefüllt und mit Blumen geschmückt sind.»

Venus, die Gottheiten und Mächte unterwerfend, von R.-A. Houasse

38 — FÜHRUNG DURCH DIE GROßEN GEMÄCHER

DER DIANA-SAAL

Als weitere Mündung der Botschaftertreppe diente der Diana-Saal als Vorhalle der Großen Gemächer, und unter Ludwig XIV. an den «Gemächerabenden» als Billardsaal. Zwei Podeste waren den Damen vorbehalten, die diesem Spiel, in welchem der König ein Meister geworden war, zusehen wollten. Das mittlere Deckengemälde wurde von Gabriel Blanchard geschaffen und stellt *Diana als Herrin der Schifffahrt und der Jagd* dar. Auf dem Kamin wurde das von Charles de La Fosse geschaffene Gemälde *Das Opfer der Iphigenie* wieder aufgestellt, und gegenüber, über der Konsole, *Diana und Endymion* von Gabriel Blanchard. Die antiken Büsten stammen aus den Ludwig XIV. von Mazarin vermachten Sammlungen.

Le Bernin schuf 1665, nach natürlichem Vorbild, die an der hinteren Wand aufgestellte Büste des damals 27 Jahre alten Ludwig XIV.

LISELOTTE VON DER PFALZ, VERSAILLES, 4. JANUAR 1699

« Am Hofe ist ein großer Streit ausgebrochen, an dem vom König bis zu den Lakaien alle teilhaben. Die Frage wurde von Monsieur Fagon aufgeworfen; der Kardinal d'Estrées, der Abbé de Vaubrun und einige andere stehen auf seiner Seite; der übrige Hof ist entgegengesetzter Ansicht. Hier nun die Streitfrage : Beginnt das neue Jahrhundert mit dem Jahr 1700 oder erst mit dem Jahr 1701? Monsieur Fagon und seine Anhänger sind für 1700, denn dann sind nach ihrer Ansicht die hundert Jahre vollendet; die anderen jedoch behaupten, dass sie erst im Jahr 1701 vollbracht sind. Ich würde hierzu gern die Meinung von Monsieur Leibnitz hören. Wohin man auch immer geht, überall wird nur darüber diskutiert; sogar bei den Sänftenträgern, die sich einmischen […] »

FÜHRUNG DURCH DIE GROßEN GEMÄCHER

DER MARS-SALON

Dieser bis 1684 als Gardesaal dienende Salon, woher auch seine vom Militär inspirierte Dekoration stammt, war anschließend an den «Gemächerabenden» der Musik und dem Spiel gewidmet. Jederseits des Kamins waren zwei Marmorpodeste, die 1750 abgerissen wurden, für die Musiker reserviert. Der König, der dem Spiel nicht abgeneigt war, mischte sich unter seine Kurtisanen und nahm gelegentlich den Platz eines der ihren ein. Das zentrale Deckengemälde von Claude Audran stellt *Mars auf einem von Wölfen gezogenen Wagen* dar. Das Werk wird von zwei Kompositionen umrahmt; die eine, im Osten, stammt von Jouvenet : *Die von Herkules gestützte Siegesgöttin, gefolgt vom Überfluss und der Glückseligkeit*; das andere, im Westen, von Houasse : *Der Schrecken, die Furcht und das Entsetzen ergreifen die irdischen Mächte*. Vier Gemälde von Simon Vouet, welche aus dem Schloss von Saint-Germain-en-Laye stammen, sind als Sopraporte angebracht : *Die Mäßigkeit*, *Die Vorsicht*, *Die Gerechtigkeit* und *Die Stärke*. Das Gemälde *David an der Harfe* von Domenichino, über dem Kamin, schmückte unter Ludwig XIV. die Alkove des Schlafgemachs des Königs, als Gegenstück zu einem damals Raffael zugeschriebenen *Der Heilige Johannes in Patmos*. Links vom Kamin kann man *Die Familie des Darius zu Füßen Alexanders* von Charles Le Brun, und rechts *Die Emmausjünger* nach Veronese bewundern. An den Seitenwänden hängen zwei Prunkportraits : Ludwig XV. und Maria Leszczynska, beide von C. Van Loo.

Dekor der Wölbung im Norden : «Kinder geben den Eindruck, sich zu waffnen und mit allen Kriegsübungen vertraut zu machen», von Claude Audran

DER MERKUR-SAAL

Der Merkur-Saal, auch Bettgemach genannt, war das Paradeschlafzimmer der Großen Gemächer. Das einheitlich mit den Wänden mit Gold- und Silberbrokat bespannte Paradebett war von einer Silberbalustrade abgetrennt, auf welcher acht Kerzenständer angeordnet waren. Dieses wertvolle Mobiliar wurde auf vom König persönlich erteilten Befehl eingeschmolzen, um die Kriegskosten zu bestreiten. Das Bett, was wir heute sehen, ist das Bett, welches Ludwig Philipp anlässlich der Umgestaltung von Versailles in ein Museum im Schlafzimmer des Königs aufstellen ließ. Das einzige Stück, das wieder an den Platz gestellt werden konnte, an dem es bis zur Revolution stand, ist die berühmte mit Automaten versehene Spieluhr, ein Geschenk des Uhrmachers Antoine Morand an Ludwig XIV. im Jahr 1706.

Der Herzog d'Anjou, Enkelsohn Ludwigs XIV., der im Jahr 1700 König von Spanien wurde, hatte drei Wochen in diesem Zimmer geschlafen, bevor er in sein neues Land aufbrach. Ebenfalls in diesem Raum wurde die sterbliche Hülle Ludwigs XIV. vom 2. bis 10. September 1715 aufgebahrt, während sich 72 Priester abwechselten, um in dem Schlafzimmer Gottesdienste zu zelebrieren, und im Mars-Salon der Chor des Königs das *De Profundis*, das *Miserere* und das *Requiem* sang. Henry de Favannes und Guy Vernansal haben die Sopraporten geschaffen, welche rechts, neben dem Apollo-Saal, eine *Allegorie auf die Anerkennung des Herzogs d'Anjou als König von Spanien* (November 1700), und links, neben dem Mars-Salon, eine *Allegorie auf die Aufhebung des Edikts von Nantes* (1685) darstellen.

HERZOG VON SAINT-SIMON, ERINNERUNGEN

« Das erste, was ich sah, als ich dem König von Spanien [Philipp V.] meine Reverenz erbot, erstaunte mich so sehr, dass ich alle meine Sinne sammeln musste, um darüber hinweg zu kommen. Ich erkannte nicht das kleinste Überbleibsel des Herzogs d'Anjou, dass ich in seinem stark langgezogenen, veränderten Gesicht suchen musste, und er redete noch sehr viel weniger als bei seiner Abreise von Frankreich. »

Rechts: Maria Leszczynska, von Louis Tocqué, gegenüberstehend zum Portrait Ludwigs XV., von Hyacinthe Rigaud

FÜHRUNG DURCH DIE GROSSEN GEMÄCHER

Das von Jean-Baptiste de Champaigne geschaffene Deckengemälde stellt *Merkur auf seinem von zwei Hähnen gezogenen Wagen* dar. Die Wölbungen sind mit vier Gemälden geschmückt: links, neben dem Mars-Salon: *Alexander empfängt eine indische Botschafterdelegation*; hinten, gegenüber den Fenstern: *Ptolemäus unterhält sich mit den Gelehrten in seiner Bibliothek*; rechts, neben den Fenstern: *Alexander und Aristoteles, der von diesem Prinzen verschiedene fremdländische Tiere erhält, deren Geschichte er schreibt*.

> GRAF D'HEZECQUES, ERINNERUNGEN EINES PAGEN AM HOFE LUDWIGS XVI.
>
> « Im Merkur-Saal konnte man eine Penduleuhr sehen. Damals war sie berühmt; heute ist sie weniger kurios, denn die Mechanik hat sich sehr schnell weiterentwickelt. Zu jeder vollen Stunde krähten die Hähne unter Schlagen ihrer Flügel. Ludwig XIV. kam aus einem Tempel hervor, und die Ruhmesgöttin erschien in einer Wolke, um den Monarchen zum Laut eines Uhrschlags zu krönen. »

Mit Automaten versehene Pendeluhr von Antoine Morand

Merkur auf seinem von zwei Hähnen gezogenen Wagen, von Jean-Baptiste de Champaigne

DER APOLLO-SAAL

Als prunkvollster aller Salons der Großen Gemächer, denn es handelte sich um den Thronsaal, hat der Apollo-Saal nichts vom Reichtum seines Dekors behalten. Die Wandbespannungen, die wie in allen königlichen Wohnsitzen mit den Jahreszeiten wechselten, waren aus karmesinrotem Samt, unterbrochen von achtzehn Bändern aus Gold- und Silberstickerei im Winter, und aus Gold- und Silberstickerei auf Seidenunterlage im Sommer. Der Thron aus Silber war zwei Meter sechzig hoch. Als Ludwig XIV. das Silbermobiliar 1689 einschmelzen ließ, wurde es von einem Sessel aus vergoldetem Holz ersetzt, dessen Stil entsprechend den verschiedenen Regentschaften wechselte. Er wurde auf einem mit einem goldgrundigen Perserteppich verkleideten Podest und unter einem Himmel, dessen drei Haken, mit denen er an der Wand befestigt wurde, noch heute sichtbar sind, aufgestellt. Das Deckengemälde *Apollo auf seinem von vier Pferden gezogenen Wagen, begleitet von den Jahreszeiten* wurde von Charles de La Fosse geschaffen (siehe folgende Seite).

Das Porträt Ludwigs XIV. im Sakralkostüm, von Hyacinthe Rigaud (rechte Seite) ist das Gegenstück des Porträts Ludwigs XVI., ebenfalls im Sakralkostüm, von Antoine-François Callet (unten)

GRAF D'HEZECQUES ERINNERUNGEN EINES PAGEN AM HOFE LUDWIGS XVI.

« Im ersten Salon [...], dem Apollo-Saal, stand ein Thron unter einem Himmel aus karmesinrotem Damast, der jedoch niemals benutzt wurde. Nur selten hielt der König Audienzen auf dem Thron, und niemals auf diesem. In diesem Raum war am Fenster ein Kristallthermometer befestigt, und mehrmals am Tag kam der König, um die Temperatur abzulesen. Die Werte wurden von einem Pagen dreimal täglich in ein Register eingetragen. »

DER KRIEGSSAAL

Ab 1678 unternahm Mansart die Konstruktion des Kriegssaals. Die 1686 von Le Brun vollendete Innenausstattung verherrlicht die militärischen Siege, die zum Frieden von Nimwegen führten. Die Wände sind mit Marmorplatten verkleidet, geschmückt mit sechs Siegestrophäen und kriegerischen Emblemen aus Goldbronze. Die Wand zum Apollo-Saal wird von einem ovalen Basrelief aus Stuck geziert, welches *Ludwig XIV. zu Pferde, seine Feinde mit den Füßen tretend*, darstellt. Den oberen Abschluss dieses Meisterwerk von Coysevox bilden zwei vergoldete Ruhmesgöttinen, welche von zwei angeketteten Gefangenen gestützt werden. Das darunter angebrachte Basrelief, welches die Öffnung eines blinden Kamins verdeckt, stellt *Klio schreibt die Geschichte des Königs für die Nachwelt* dar. Das Deckengemälde von Le Brun schildert im Zentrum *Das bewaffnete Frankreich auf einer Wolke, von Siegesgöttinen umgeben*. Ein Porträt Ludwigs XIV. schmückt den Schild. In den Wölbungen sind seine drei besiegten Feinde : Deutschland auf Knien, mit einem Adler; das drohende Spanien mit einem brüllenden Löwen, und das auf einen Löwen niedergestreckte Holland, sowie die *Kriegsgöttin Bellona, zwischen Aufruhr und Zwietracht tobend*, dargestellt.

Gefangener in Ketten,
von Antoine Coysevox

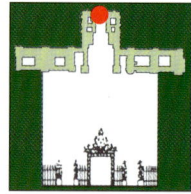

DER SPIEGELSAAL

Das Bauvorhaben des Spiegelsaals an der Stelle, wo sich eine von Le Vau zwischen den Gemächern des Königs und denen der Königin eingerichtete Terrasse befand, wurde von J. Hardouin-Mansart vorgelegt und 1678 genehmigt. Der Spiegelsaal erhält sein Licht über siebzehn Fenster, welche sich zu den Gärten öffnen und siebzehn mit «Spiegelscheiben» verkleideten Arkaden entsprechen, und wirbt für das Entstehen einer französischen Industrie : der Glasherstellungsindustrie. Dieser nationalistische Aspekt findet sich in den Aufsätzen aus Goldbronze des sogenannten «französischen Ordens» wieder. Dieser Orden wurde auf Antrag von Colbert von Le Brun gegründet, um eine neue stilistische Einheit für alle Nationalgebäude zu schaffen : eine Lilie wird von der königlichen Sonne vor einem Hintergrund von Palmen und Blattwerk überragt, zwischen zwei französischen Hähnen.

Das Gewölbe ist mit dreißig Kompositionen verziert, die Charles Le Brun und seiner Werkstatt zu verdanken sind. Es ist das größte in Frankreich bestehende malerische Gesamtwerk : es schildert die Geschichte Ludwigs XIV. in Form von Allegorien nach antiker Vorlage, seit Beginn seiner persönlichen Herrschaft 1661 bis zum Frieden von Nimwegen im Jahr 1678.

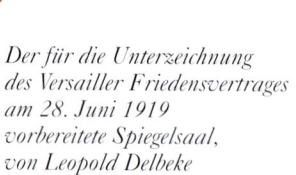

Der für die Unterzeichnung des Versailler Friedensvertrages am 28. Juni 1919 vorbereitete Spiegelsaal, von Leopold Delbeke

DER SPIEGELSAAL

Das Mobiliar der Großen Galerie, wie der Saal im 17. Jahrhundert genannt wurde, ist zwar spärlich, dafür aber umso prachtvoller: große Kübel für Orangenbäume und Silbertische, einundvierzig Kronleuchter und große Kandelaber aus Silber, Vorhänge aus weißem Damas, goldbestickt mit dem königlichen Monogramm, und zwei Teppiche aus der Savonnerie-Manufaktur, deren Farbgebung die Farben des Gewölbes wiedergeben. Dieses berühmte Mobiliar aus Silber wurde 1689 eingeschmolzen.

Der Spiegelsaal diente hauptsächlich als Durchgang und wurde sonst nur zu besonderen Anlässen benutzt. Zu den berühmtesten Anlässen zählten der Empfang der Botschafter von Siam 1686, der Empfang der Botschafter von Persien 1715, die Trauung des Herzogs von Bourgogne mit Marie-Adélaïde von Savoyen im Dezember 1697, der Maskenball anlässlich der Vermählung von Marie-Antoinette mit dem Dauphin, dem zukünftigen Ludwig XVI., im Mai 1770… Auch der Versailler Friedensvertrag, der den Ersten Weltkrieg beendete, wurde am 28. Juni 1919 in diesem Saal unterzeichnet. Seither empfangen die Präsidenten der französischen Republik hier die offiziellen Gäste Frankreichs.

Der König regiert selbständig, 1661, zentrale Deckenkomposition von Charles Le Brun

Ludwig XIV. empfängt den außerordentlichen Botschafter von Persien am 19. Februar 1715 im Spiegelsaal, von Antoine Coypel. Dies war der letzte Empfang unter der Herrschaft Ludwigs XIV., der am 1. September 1715 verstarb.

Dem Dogen von Genua am 15. Mai 1685 von Ludwig XIV. eingeräumte Audienz, von Claude Hallé. Man erkennt das Mobiliar aus Silber, insbesondere den Thron

MERCURE DE FRANCE, BERICHT VOM EMPFANG DES DOGEN VON GENUA, AM 15. MAI 1685

« Zwei Dinge fallen auf: zum einen, dass die Gemächer und dieser Saal prunkvoll möbliert sind und allein die Silbergegenstände mehrere Millionen wert sind; zum anderen, dass sich überall eine große Menschenmenge aufhält und dass diese Gemächer und dieser Saal zusammen ebenso viele Menschen aufnehmen können wie der weiträumigere Palast. Obwohl man entlang dem Spiegelsaal einen freien Durchgang gelassen hatte, konnte sich der Doge nur mit Mühe einen Weg bahnen. Der Marschall, Herzog de Duras und Kapitän der königlichen Leibgarde, der den Botschafter an der Tür zum Gardesaal empfing, geleitete ihn bis zum Thron Seiner Majestät, der ganz aus Silber war und zu dem nur zwei Stufen führten. Der Dauphin und Monsieur standen an der Seite des Königs. Seine Majestät war von allen Prinzen von Geblüt sowie von den hohen Offizieren, deren Rang bei Zeremonien dieser Art seiner Person nahe ist, umgeben. Der Doge war von einem sehr zahlreichen Gefolge begleitet, und die meisten konnten ihm nicht bis zum Thron folgen und füllten die Leere des Saals, dessen Zugang für den Dogen freigehalten worden war. »

DER FRIEDENSSALON

1712 wurde dieser Salon von dem Komplex, den er mit dem Spiegelsaal und dem Kriegssaal bildet, abgetrennt und mit dem Großen Gemach der Königin verbunden. Die Verbindungsarkade zum Spiegelsaal wurde durch eine Zwischenwand und eine Tür, beide mobil, geschlossen. Die Königin hielt hier regelmäß Hof und organisierte ihre öffentlichen Spiele. Jeden Sonntag gab Maria Leszczynska Konzerte mit profaner oder religiöser Musik, Marie-Antoinette benutzte den Raum ebenfalls für ihre Spiele; sie war es auch, die hier die «Feuer» aus Goldbronze anbringen ließ, welche nach einem Modell von Boizot gearbeitete Löwen darstellen.
Die Deckenmalerei, ein Werk von Le Brun, zeigt *Das siegreiche Frankreich überreicht den Mächten, die sich gegen das Land verbündet hatten, einen Ölzweig*. In den Wölbungen sind *Spanien, das christliche Europa im Frieden, Deutschland und Holland* illustriert.
Das 1729 von François Lemoine geschaffene große ovale Gemälde über dem Kamin stellt *Ludwig XIV. bringt Europa den Frieden* dar.

> FELIBIEN, BERICHT
> ÜBER DAS FEST IN VERSAILLES
> AM 18. JULI 1668
> « Nachdem der König den flehentlichen Bitten seiner Alliierten und den Friedenswünschen von ganz Europa gnädig entsprochen und Mäßigkeit und beispiellose Güte selbst bei seinen bedeutendsten Eroberungen bewiesen hatte, wollte er sich nun ganz den Belangen seines Königreiches widmen. Um den Hof in gewisser Weise für das durch seine Abwesenheit während des Karnevals entgangene Vergnügen zu entschädigen, beschloss er, in den Gärten von Versailles ein Fest zu veranstalten, bei dem zusätzlich zu den großen Vergnügungen, die ein solch angenehmer Ort zu bieten hatte, die Sinne nochmals von dieser erstaunlichen und außergewöhnlichen Schönheit betört wurden, mit der dieser große Prinz seine Feste so herrrlich zu würzen vermochte.»

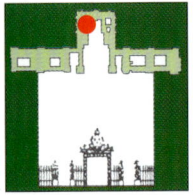

DAS GROßE GEMACH DER KÖNIGIN

Das auf das Südparterre gerichtete Große Gemach der Königin liegt symmetrisch zum Großen Gemach des Königs. Seine Innenausstattung wurde im 18. Jahrhundert mehrmals umgestaltet. Wir besichtigen es heute im entgegengesetzten Sinn, vom Schlafgemach zum Gardesaal, durch welchen die Kurtisanen unter dem Ancien Régime eintraten.

DAS SCHLAFGEMACH DER KÖNIGIN

Im Gegensatz zum König verfügte die Königin zu keinem Zeitpunkt über ein anderes Schlafgemach als dieses. Hier schlief sie nicht nur, hier kam der König auch an manchen Abenden zu ihr, und hier gewährte sie nach der Morgentoilette ihre besonderen Audienzen. Neunzehn «Kinder Frankreichs» wurden hier geboren. Königin Maria Theresia bewohnte dieses Gemach nur kurze Zeit, von 1682, Datum des endgültigen Einzugs des Hofes in Versailles, bis 1683, als sie am 30. Juli starb. Ihr folgten die Dauphinen Marie-Christine von Bayern und Marie-Adelheid von Savoyen, und anschließend zwei Königinnen, Maria Leszczynska (von 1725 bis 1768) und Marie-Antoinette (von 1770, als sie noch Dauphine war, bis zum 6. Oktober 1789).

*Marie-Antoinette an der Harfe
in ihrem Schlafgemach in Versailles, von Gautier-Dagoty*

DAS SCHLAFGEMACH DER KÖNIGIN

Ludwig XVI., alte Nachbildung von Joseph-Siffrein Duplessis.

In diesem Raum verbrachte Marie-Antoinette ihre letzte Nacht in Versailles. Als sich die Rebellen ihrem Schlafgemach näherten, konnte sie durch eine der zwei unter Wandbehängen verborgenen Türen hinten in der Alkove, welche Zugang zu den Innenkabinetten der Königin geben, fliehen. Die Wände sind mit den im Sommer verwendeten Wandbehängen verkleidet, die auch in dieser Nacht des 6. Oktober 1789, als die Königsfamilie gezwungen war, Versailles endgültig zu verlassen, das Gemach schmückten. Das Bett und die Balustrade sind moderne Kopien nach alten Vorlagen. An der linken Seite des Bettes sieht man das Schmuckschränkchen aus Mahagoni, Perlmutt und Goldbronze, ein Werk von Ferdinand Schwerdfeger (1787). Über den drei Spiegeln hängen die Porträte von Marie-Antoinettes Verwandten: ihre Mutter Maria Theresia, ihr Bruder Joseph II. und ihr Ehegatte Ludwig XVI.

> **HERZOG DE LUYNNES, ERINNERUNGEN AM HOFE LUDWIGS XV**
>
> « Gestern morgen hat man begonnen, das Schlafgemach der Königin neu zu bespannen; es ist eine komplette Sommerausstattung: Bett, Wandbehänge, Sessel, Faltschemel und Türen. Im Raum befinden sich nur zwei Sessel; mehr werden im Schlafgemach der Königin nicht aufgestellt. Die Tapisserien kommen aus Tours; sie haben einen weißen Grund und sind bestickt und bemalt. Das Bett und die Türen sind wunderschön und angenehm anzuschauen. Den Mittelpunkt jeder Tapisserie bildet eine große Vase, die eine sehr schöne Wirkung erzeugt; die Ornamente jedoch, die sie umgeben, sind ganz durcheinander nach der neuen Mode angeordnet. »

Maria Theresia von Österreich, Mutter von Marie-Antoinette, Gobelin-Tapisserie von Michel-Henri Cozette, nach einem Porträt von Joseph Ducreux

Joseph II., Bruder von Marie-Antoinette, Gobelin-Tapisserie von Michel-Henri Cozette nach Joseph Ducreux

DER SALON DER EDELLEUTE

In diesem Gegenstück zum Thronsaal (Apollo-Saal) des Großen Gemaches des Königs erteilte die Königin ihre feierlichen Audienzen, und hier wurden die neu bei Hofe eingetroffenen Damen vorgestellt. Der Sessel der Königin ganz hinten im Raum, auf einer Estrade, war bedeckt von einem Himmel, dessen Haken noch heute vorhanden sind. Von seiner ursprünglichen Ausstattung ist nur das von Michel Corneille geschaffene Deckengemälde *Merkur verbreitet seinen Einfluss auf die Künste und auf die Wissenschaften* erhalten.

Marie-Antoinette ließ den Dekor 1785 neu gestalten und die Wände mit apfelgrünem Damas bespannen. Die über der Tür angebrachten Gemälde stammen von Jean-Baptiste Regnault: *Der Ursprung der Malerei* und *Pygmalion bittet Venus, seine Statue zu beleben*. Zu diesem Zeitpunkt wurden auch die beiden Kommoden (die dritte konnte nicht wieder aufgefunden werden) sowie die beiden Eckmöbel von Riesener mit von Gouthière ziselierten Bronzeverzierungen aufgestellt, die denen des neuen Kamins aus blauem, weißgeädertem Marmor ähneln.

Dort, wo es heute zu sehen ist, hing auch unter der Herrschaft von Marie-Antoinette das Porträt Ludwigs XV. im königlichen Gewand, ausgeführt als Tapisserie von Cozette nach einem Gemälde von L.-M. Van Loo.

Kopf des Merkur aus vergoldetem Stuck in der Deckenrahmung

FÜHRUNG DURCH DIE GROßEN GEMÄCHER – 67

Madame Elisabeth, Tante Ludwigs XVI., von Adélaïde Labille-Guiard

Rechte Seite : Marie-Antoinette und ihre Kinder (Madame Royale, der 1789 verstorbene 1. Dauphin und der Herzog von Normandie, zukünftiger Ludwig XVII.), von Elisabeth Vigée-Lebrun

DER SAAL DES GROßEN GEDECKS

Die Besucher, denen die Königin eine Audienz gewährt hatte, mussten hier warten, bis sie empfangen wurden. Der Name des «Großen Gedecks» rührt daher, dass im 18. Jahrhundert die Herrscher hier ihre öffentlichen Mahlzeiten einnahmen. Die Marquise de la Tour du Pin, Schwiegertochter des Kriegsministers, hat über eines dieser großen Gedecke, an dem sie 1788 teilgenommen hatte, berichtet : «Die Königin nahm an der linken Seite des Königs Platz. Die Rücken waren dem Kamin zugewandt, und im Vordergrund waren eine Reihe von Schemeln kreisförmig angeordnet, auf denen die Herzöginnen, Prinzessinnen und hohen Amtsträger, denen das «Schemelprivileg» gewährt war, saßen. Dahinter hielten sich die anderen Frauen auf, das Gesicht dem König und der Königin zugewandt. Der König speiste mit großem Appetit, während die Königin ihre Handschuhe nicht ablegte und ihre Serviette nicht auseinanderfaltete, womit sie einen großen Fehler beging.»

An manchen Abenden gab Marie-Antoinette einen Ball; zu solchen Anlässen wurde der Raum komplett umgestaltet.

DER SAAL DER GARDE DER KÖNIGIN

So wie der mit diesem Saal symmetrisch angeordnete Diana-Saal des Großen Gemachs des Königs als Mündung der Botschaftertrette diente, ist dieser Garde-Saal die Mündung der Treppe der Königin. Er gibt Zutritt zum alten Saal der dem König und der Königin gemeinsamen Garde, dem heutigen Krönungssaal. Die Treppe rechts vom Kamin führt zu den Gemächern des Dauphins und der Dauphine, der Mesdames und dem Kleinen Gemach der Königin im Erdgeschoss.

Die für den ehemaligen Jupiter-Saal, der 1678 zum Kriegssaal umgestaltet wurde, geschaffenen Deckengemälde stammen von Noël Coypel. Die fünf Kompositionen: *Jupiter in Begleitung der Gerechtigkeit* (in der Mitte), *Ptolemäus Philadelphe gibt den Juden die Freiheit zurück*, *Alexander Sévère lässt während der Hungersnot Getreide an das Volk austeilen*, *Trajan lässt Gerechtigkeit walten* und *Solon erklärt seine Gesetze* (in den Wölbungen) wurden 1680 hier angebracht.

GRAF D'HEZECQUES ERINNERUNGEN EINES PAGEN AM HOFE LUDWIGS XVI.

« Die Aufgabe der Leibwächter im Schloss bestand darin, vor den Türen der Gemächer Wache zu halten, die Waffen zu präsentieren, wenn die Prinzen vorbeigingen, in der Schlosskapelle während der Messe Stellung zu beziehen und die Diners der Königsfamilie zu eskortieren. Es wurde erwartet, dass sie alle Herzoge und derengleichen kennen, denn bei ihrem Erscheinen mussten sie die Waffen präsentieren und zweimal mit dem rechten Fuß aufstampfen. Außerdem mußte diese Wache die Türen öffnen und verhindern, dass jemand sich selbst öffnete; jedoch fühlt man, dass die Wache selbst sehr erleichtert war, wenn man sie von all diesen Funktionen freistellte.»

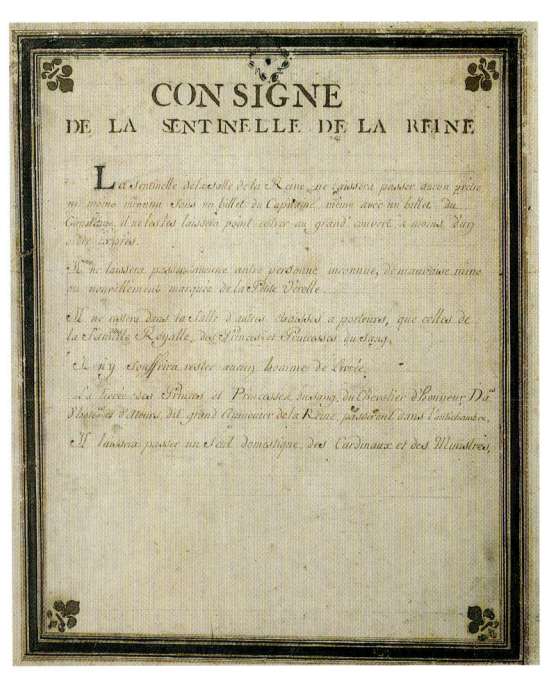

VERHALTENSMAßREGEL DER WACHE DER KÖNIGIN

Die Wache des Saals der Königin wird keinen unbekannten Priester oder Mönch ohne Billet des Kapitäns eintreten lassen; selbst mit einem Billet des Kapitäns wird er sie nicht ohne ausdrücklichen Befehl in den Saal des Großen Gedecks hereinlassen.

Er wird keine andere unbekannte Person mit krankhafter oder jüngst von den Pocken gezeichneter Miene eintreten lassen.

Es verbleiben im Saal keine anderen Sänften als die der Königlichen Familie, der Prinzen und Prinzessinnen von Geblüt.

Die Begleiter der Prinzen und Prinzessinnen, des Ehrenritters, der Hofdamen und der Damen, die die Toilette der Königin und Prinzessinnen beaufsichtigen, des Großalmoseniers der Königin, begeben sich in das Vorzimmer.

Er wird nur einen einzigen Diener der Kardinäle und der Minister durchlassen.

Opfer an Jupiter, von Noël Coypel

DER KRÖNUNGSSAAL

Der ehemalige Saal der gemeinsamen Garden des Königs und der Königin verdankt seinen heutigen Namen der von David persönlich zwischen 1808 und 1822 gemalten Replik des berühmten Gemäldes, welches die Krönungszeremonie von Napoleon I. und Joséphine am 2. Dezember 1804 darstellt und heute im Louvre zu sehen ist. Die anderen Gemälde beziehen sich alle auf das napoleonische Heldenepos. Sie wurden hier auf Anordnung von Ludwig Philipp angebracht, als er Versailles 1837 in ein Museum der Geschichte Frankreichs umgestaltete. Zwei große Kompositionen, die eine von David : *Die Verteilung der Adler auf dem Marsfeld* (1804), und die andere von Gros : *Die Schlacht von Aboukir* (1799) schmücken die Ost- und Nordwände. Die von Gérard geschaffenen Sopraporten stellen *Die Tapferkeit*, *Das Genie*, *Die Großzügigkeit* und *Die Beständigkeit* dar, das Deckengemälde *Die Allegorie des Achtzehnten Brumaire* ist ein Werk von Callet. Die Säule aus Bronze und Porzellan im Zentrum des Saals, die von Napoleon I. in Auftrag gegeben wurde, ist dem Gedenken der Schlacht von Austerlitz (2. Dezember 1805) gewidmet.

Die Krönung von Napoleon I. und Joséphine am 2. Dezember 1804, von Jacques-Louis David

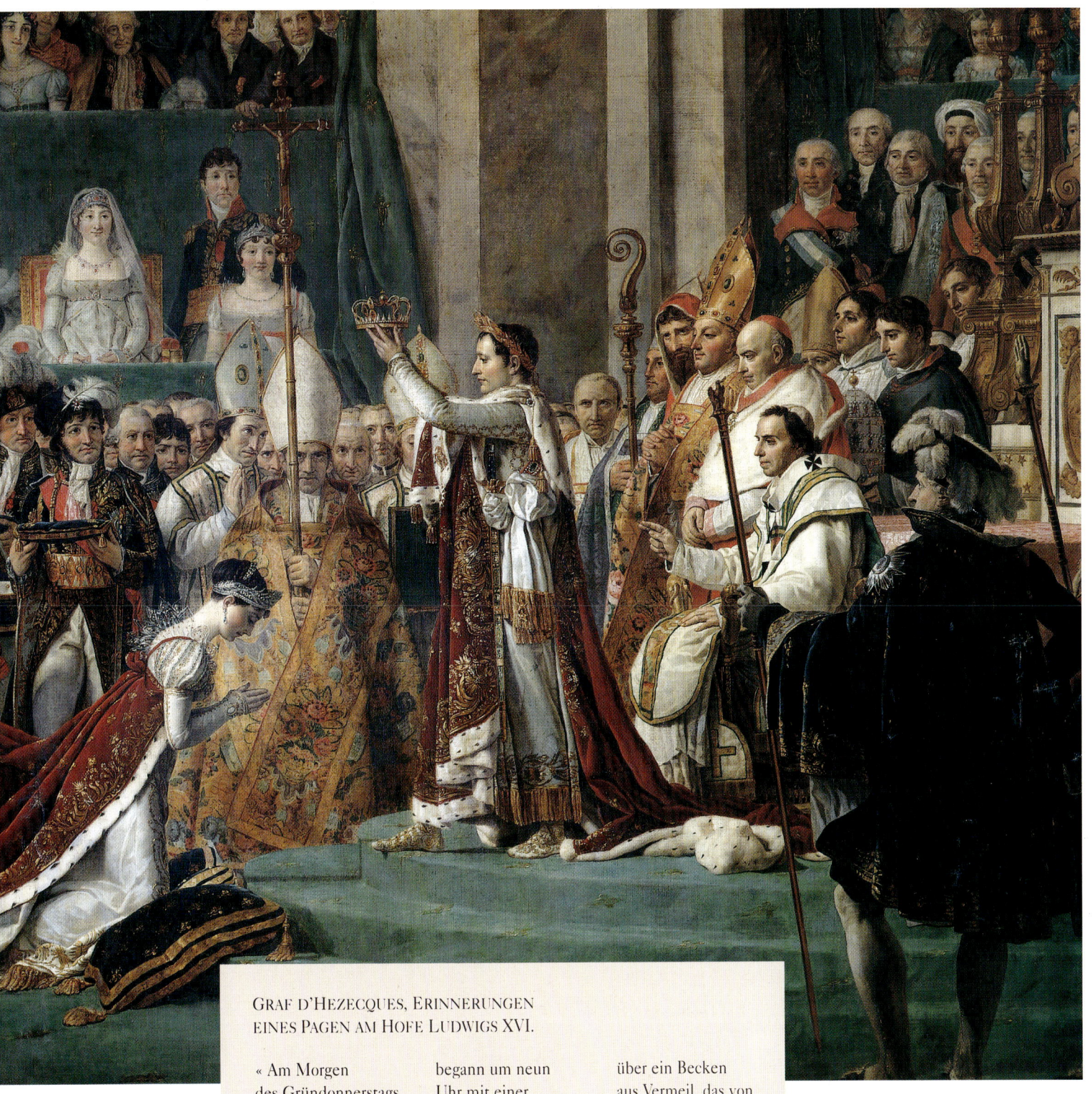

GRAF D'HEZECQUES, ERINNERUNGEN EINES PAGEN AM HOFE LUDWIGS XVI.

« Am Morgen des Gründonnerstags wurden zwölf kleine Kinder in den großen Saal der Leibwächter geführt, deren Frische der des riesigen Buketts aus den seltensten Blumen, das ein jedes Kind in Händen hielt, glich. [...]. Die Zeremonie begann um neun Uhr mit einer Predigt. An diesem Tag konnte sich der Prediger dem Feuer seines Eifers hingeben und mit aller Kraft gegen die am Hofe herrschenden Missbräuche und Skandale wettern. [...] Jedes Kind hielt seinen rechten Fuß über ein Becken aus Vermeil, das von einem Hofgeistlichen gehalten wurde; der Graf d'Artois schüttete sodann ein wenig Wasser über den Fuß, Monsieur trocknete ihn mit dem Handtuch, welches das Kind um den Hals trug, und der König küsste den Fuß. »

DIE SCHLACHTEN-GALERIE

Der Südflügel, auch Flügel der Prinzen genannt, umfasste fünf große Gemächer im ersten Stockwerk für die Mitglieder der königlichen Familie, und vierzehn in der Attika, welche noch unterteilt werden konnten, für die Kurtisanen.

Die von Ludwig Philipp in Auftrag gegebene Schlachtengalerie zwang die Architekten Fontaine und Nepveu, diese aus dem Ancien Régime stammenden Gemächer zu zerstören. In dieser 120 Meter langen und 13 Meter breiten Galerie sind fünfunddreißig große Gemälde ausgestellt, welche über vierzehn Jahrhunderte hinweg die großen militärischen Siege der Geschichte Frankreichs illustrieren, angefangen mit dem 496 von Chlodwig in Tolbiac davongetragenen Sieg bis zur Schlacht von Wagram, die Napoleon I. im Jahre 1809 gewann. Die zweiundachtzig Büsten stellen einige der berühmtesten, im Kampf gefallenen französischen Militärpersönlichkeiten dar.

Ludwig der Heilige in der Schlacht von Taillebourg, 21. Juli 1242 (Detail), von Eugène Delacroix

DER SCHLAFBEREICH DES KÖNIGS

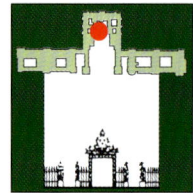

DAS GEMACH DES KÖNIGS

Als der Hof endgültig in Versailles einzog, wurde das Große Gemach in ein Paradegemach umgestaltet, und hier spielte sich das Leben Ludwigs XIV., in welchem jeder Augenblick von der Etikette geregelt war, tatsächlich ab. Im gegenwärtigen Zustand besteht es aus fünf Räumen : ein Gardesaal, ein erstes Vorzimmer, in welchem der König sein Souper in aller Öffentlichkeit am «Großen Gedeck» einnahm, ein zweites Vorzimmer, das sogenannte «Vorzimmer mit dem Ochsenauge», und ein Schlafgemach, welches nur 1701 an dieser Stelle eingerichtet war. Das Gemach des Königs trägt der Auffassung Rechnung, die insbesondere Ludwig XIV. für seine Rolle als Monarch vertrat : er hatte zu jedem Moment «sichtbar» zu sein. Seine Nachfolger richteten sich Räume ein, die eher für das Privatleben geeignet waren, aber bis zum Ende des Ancien Régime blieb das Gemach des Königs der Ort der Repräsentation der Macht.

DIE MARMORTREPPE

Diese sehr häufig benutzte Treppe führte zum Gemach des Königs, aber auch zum Gemach der Königin und zu dem der Madame de Maintenon, welche Ludwig XIV. heimlich nach dem Tod der Königin Maria Theresia zur Gemahlin nahm. Wie die Großen Gemächer insgesamt ist diese 1681 erbaute Treppe reichlich mit Marmor verziert. Damals stellte sie das Gegenstück der Botschaftertreppe dar, welche am anderen Ende des Hofes zum Großen Gemach des Königs führte.

Der junge Ludwig XIV., Charles Le Brun zugesprochen

DAS VORZIMMER MIT DEM OCHSENAUGE

Das zweite Vorzimmer wurde erst 1701 eingerichtet. Davor gab es hier zwei Räume; einer dieser Räume diente siebzehn Jahre lang als Schlafgemach des Königs. Das Vorzimmer mit dem Ochsenauge verdankt seinen Namen dem ovalen Fenster, welches im Deckenfries eingelassen ist. Der Deckenfries ist mit Ringelreihen spielenden Kindern verziert; der Stil und die Anmut kündigen die Kunstrichtung des 18. Jahrhunderts an.

GRAF D'HEZECQUES
ERINNERUNGEN EINES PAGEN
AM HOFE LUDWIGS XVI.

« Zur Stunde des Aufstehens begab sich die Menge der Kurtisanen ins Schloss, sei es von Versailles oder von Paris... Alle warteten im Vorzimmer oder in der Galerie auf die Zeremonien des Aufstehens, und diejenigen, die von den Kammerdienern aufgerufen wurden, oder diejenigen, die über einen sogenannten Passierschein verfügten, wurden im Vorzimmer mit dem Ochsenauge empfangen ...»

DAS SCHLAFGEMACH DES KÖNIGS

Erst 1701 nahm das Schlafgemach des Königs diesen Platz im Zentrum des Schlosses ein; Ludwig XIV. war damals 63 Jahre alt. Hier spielten sich die Zeremonien des Aufstehens und des Zubettgehens ab, wie auch ein Großteil des alltäglichen Lebens des Königs, der hier sein Diner «am Kleinen Gedeck» (Mittagsmahlzeit) einnahm und Audienzen abhielt.

Während der Zeremonie des Aufstehens, die sich über rund eine Stunde hinwegzog, gab es sechs aufeinanderfolgende «Entrées», welche den Rang eines jeden der Kurtisanen markierten. Der König wurde vor mehreren hundert Personen gewaschen, frisiert und angekleidet. Der Raum hat seine ursprüngliche Ausstattung beibehalten, insbesondere mehrere Gemälde: *Die Vier Evangelisten* und *Der Cäsarspfennig* von Valentin de Boulogne, *Johannes der Täufer* von Carracci, *Maria Magdalena* von Domenichino, das *Selbstbildnis* und das *Porträt des Marquis de Moncade* von Van Dyck.

Erste Beförderung der Ordensritter Ludwigs IX. des Heiligen im Schlafgemach des Königs, von François Marot

«Hüter des Ärmels» unter Ludwig XV.

DAS RATSKABINETT

Unter Ludwig XIV. befanden sich an dieser Stelle zwei Kabinette; in dem einen hielt der König täglich am Ende des Vormittags eine Ratssitzung ab. 1755 ließ Ludwig XV. diese Kabinette in einen einzigen Raum umgestalten, mit von Gabriel entworfenen und von Antoine Rousseau geschnitzten Holztäfelungen. Hier wurden die zwei antiken Büsten aufgestellt, welche *Alexander den Großen* und *Scipio Africanus* darstellen. Über ein Jahrhundert lang wurden alle bedeutenden politischen Entscheidungen in diesem Saal getroffen, beispielsweise 1775 die Teilnahme am Unabhängigkeitskrieg, der die Vereinigten Staaten von Amerika begründen sollte.

SAINT-SIMON, ERINNERUNGEN

« Jeden Sonntag kam der Staatsrat zusammen, oft auch montags; dienstags fand der Finanzrat statt; mittwochs der Staatsrat; samstags, der Finanzrat [...] Der Donnerstagmorgen war fast immer frei. Dies war ebenfalls der große Tag der Bastarde, der Handwerker und der Diener, da der König nicht beschäftigt war. Freitags, nach der Messe, war die Zeit der Beichte, die unbeschränkt war und sich bis zum Diner hinziehen konnte. »

Alexander der Große, antike Büste, im 17. Jahrhundert restauriert

Detail des Kamins

82 – DER SCHLAFBEREICH DES KÖNIGS

DIE GEMÄCHER DES DAUPHINS UND DER DAUPHINE

Diese Gemächer wurden sehr oft umgestaltet und beherbergten zahlreiche Bewohner aus der nahen Umgebung des Königs. Heute sind sie in ihrer Ausstattung vom 18. Jahrhundert zu besichtigen, als sie zwischen 1747 und 1765 von Ludwig, Dauphin von Frankreich und Sohn Ludwigs XV., und seiner zweiten Gemahlin Maria-Josepha von Sachsen bewohnt wurden.

Linke Seite:
Innenkabinett
der Dauphine

Links:
Bibliothek
des Dauphins

DER SCHLAFBEREICH DES KÖNIGS – 85

Ein Bauernhof, von Königin Maria Leszczynska, nach Jean-Baptiste Oudry

DAS SCHLAFGEMACH DES DAUPHINS

Zu den Bewohnern dieses Gemaches, die dem Dauphin, Sohn Ludwigs XV., vorangingen, zählte Monsieur, Sohn Ludwigs XIV., der hier seine Kunstsammlung ausstellte, sowie der Regent Philipp von Orléans, der am 2. Dezember 1723 in diesem Gemach verstarb. Die heutigen Dimensionen entsprechen denen von 1747, als die von Verberckt nach Entwürfen von Gabriel geschnitzten Holztäfelungen und der mit Bronzedarstellungen von Flora und Zephyr verzierte Kamin aus rot- und braungeflecktem Marmor von Jacques Caffieri angebracht wurden. Das Bett «à la duchesse» wurde 1740 für die Marquise de Créquy angefertigt; das Gemälde auf der rechten Seite stellt einen Bauernhof dar und wurde von Maria Leszczynska unter der Leitung ihres Zeichenmeisters Jean-Baptiste Oudry gemalt.

LISELOTTE VON DER PFALZ, MARLY, 18. FEBRUAR 1712

« Ich dachte, ich hätte Ihnen heute nichts Trauriges zu berichten, außer der schmerzlichen Zeremonie, der ich gestern in Versailles beiwohnen musste; jedoch trifft uns das Unglück von neuem. Der gütige Dauphin ist seiner Gemahlin ins Grab gefolgt; er verstarb um halb neun. Sie können sich leicht vorstellen, in welcher tiefen Betrübnis wir uns alle hier befinden. Der Schmerz des Königs ist so groß, dass ich um seine Gesundheit bange. [...] Da der König an einer starken Erkältung leidet, hat man ihn nicht geweckt, jedoch hat man ihm diese schreckliche Nachricht nach seinem Erwachen überbracht.»

GROSSES KABINETT DER DAUPHINE

Das Gemach der Dauphine wird im Anschluss an das Gemach des Dauphins, jedoch rückwärts besichtigt; im 18. Jahrhundert trat man über das erste Vorzimmer, das zweite Vorzimmer, das große Kabinett, das Schlafgemach und schließlich das Innenkabinett ein. In diesem großen Raum versammelten sich die Gesellschaftsdamen der Dauphine zur Unterhaltung oder zum Spiel. Heute ist hier eine Serie von Porträten von königlichen Persönlichkeiten oder Ministern zu Beginn der Herrschaft Ludwigs XV. zu sehen. Das einzige Originalmöbel des Dekors ist die Konsole, welche ein für den zukünftigen Ludwig XVI. angefertigtes Barometer trägt, der diesen Raum bis zu seiner Thronbesteigung 1774 bewohnte.

Königin Maria Leszczynska und der Dauphin, von Alexis-Simon Belle, 1729

DAS SCHLAFGEMACH DER DAUPHINE

Die von Jean Restout geschaffenen Sopraporten : *Psyche flieht vor dem Zorn der Venus* und *Psyche fleht um das Vergeben der Venus*, gehören zum 1747 angebrachten Dekor. Das Bett «à la polonaise» (von besonders großer Qualität) wurde von Nicolas Heurtaut angefertigt, jedoch ist es nicht das Bett der Dauphine Maria-Josepha von Sachsen, die hier drei zukünftige Könige gebar : Ludwig XVI., Ludwig XVIII. und Karl X. Unter den rechts und links vom Bett angebrachten Gemälden befinden sich oben zwei Porträte der Töchter Ludwigs XV. von Jean-Marc Nattier : *Madame Henriette als Flora* und *Madame Adelheid als Diana;* das ovale Gemälde links vom Bett stellt *Madame Luise und Madame Henriette* von Pierre Gobert dar.

DIE ANDEREN FÜHRUNGEN

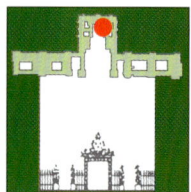

DAS KLEINE GEMACH DES KÖNIGS

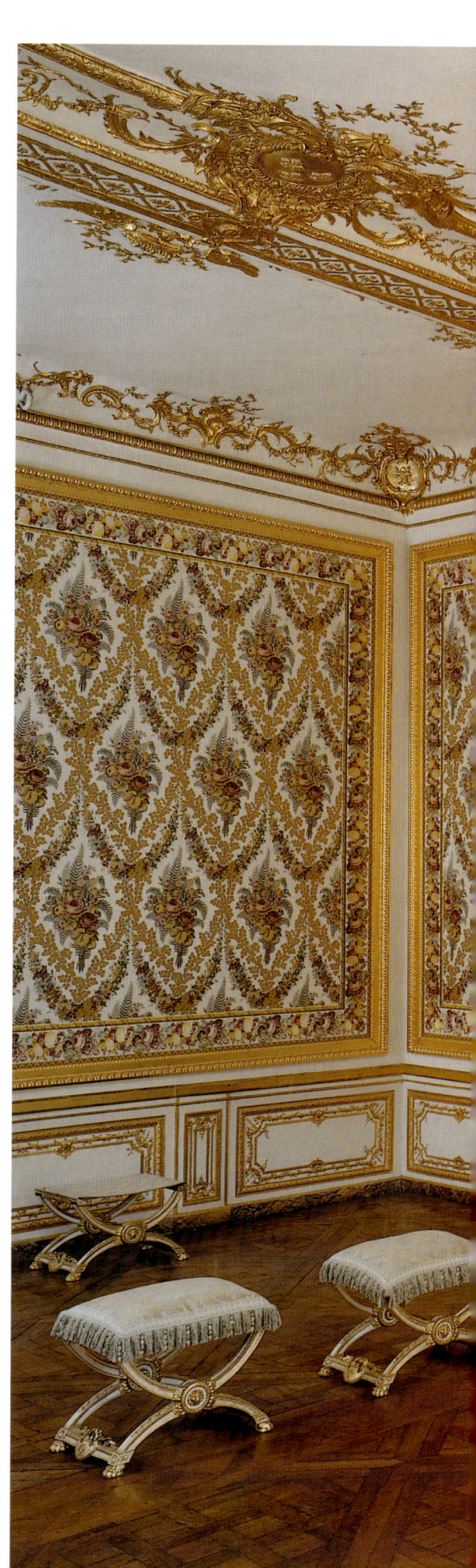

Unter Ludwig XIV. wurde in einer Folge von Kabinetten ein Teil der Sammlungen des Königs ausgestellt, darunter die berühmte *Monna Lisa*, und nur wenigen hohen Persönlichkeiten, Gelehrten oder Künstlern war es vergönnt, diese zu bewundern. Ab 1735 wurde für Ludwig XV. ein komplettes Gemach eingerichtet, mit einem Gardesaal im Erdgeschoss, einem ersten Vorzimmer (Kabinett der Hunde), einem zweiten Vorzimmer (Pendeluhr-Kabinett), einem Kabinett (Innenkabinett) und einem Schlafgemach.

DAS SCHLAFGEMACH LUDWIGS XV.

Von 1722, dem Jahr, in dem Ludwig XV. nach Versailles zurückkam, bis 1738 schlief der junge König im Schlafgemach seines Urgroßvaters. Es war jedoch nicht sehr komfortabel, und so beschloss er, sich ein kleineres und günstiger gelegenes Schlafgemach einrichten zu lassen. Die Zeremonien des Zubettgehens und des Aufstehens fanden aber weiterhin im «Schlafgemach Ludwigs XIV.» statt, und diese Tradition wurde von Ludwig XVI. fortgesetzt. Die Alkove, in der das Bett stand, ist mit einem goldbroschierten Lampas bespannt, der den 1789 ursprünglich hier angebrachten Wandbehängen nachempfunden ist.

DAS PENDELUHR-KABINETT

Dieses Kabinett verdankt seinen Namen der berühmten astronomischen Pendeluhr von Passemant, die 1754 hier aufgestellt wurde. Ihr gegenüber befindet sich ein Barometer von Lemaire und Mazière, welches von Ludwig XV. in Auftrag gegeben war, aber erst 1827 hier installiert wurde. Die im Parkett eingelassene Kupferlinie gibt den Meridian von Paris an.

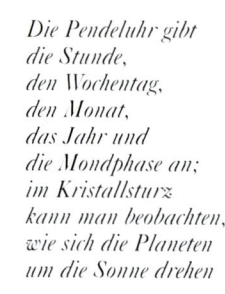

Die Pendeluhr gibt die Stunde, den Wochentag, den Monat, das Jahr und die Mondphase an; im Kristallsturz kann man beobachten, wie sich die Planeten um die Sonne drehen

DAS INNENKABINETT DES KÖNIGS

Als ehemaliges Gemäldekabinett Ludwigs XIV. öffnete sich dieser Raum ursprünglich mit Arkaden auf die benachbarten Räume (Pendeluhr-Kabinett und Depeschen-Kabinett), die Ludwig XV. 1738 schließen ließ. Zu dieser Gelegenheit gab er auch den kommodenartigen Münzschrank bei dem Kunsttischler Gaudreaux in Auftrag. 1753 fand eine weitere bedeutende Umgestaltung statt, als die Wände mit den von Gabriel entworfenen und von Verbeckt geschnitzten Holztäfelungen verkleidet wurden. Die Kuriosität dieses Raums bleibt jedoch der 1760 bei Oeben in Auftrag gegebene Zylindersekretär. Oeben starb, bevor er diesen beenden konnte, und er wurde erst neun Jahre später von Riesener fertiggestellt. Der Mechanismus ermöglicht es, mit nur einer Viertelumdrehung des Schlüssels gleichzeitig die herunterklappbare Schreibplatte und alle Schubladen zu öffnen oder zu verschließen, mit Ausnahme der beiden seitlichen Schubladen, in welchen die Diener des Königs die Tintenfässer auffüllten.

DER BADERAUM

Dieser zwischen 1770 und 1773 dekorierte Raum war der siebte und letzte von Ludwig XV. in Versailles eingerichtete Badraum. Das Fenster öffnete damals auf einen Hof, den sogenannten «Kellerhof des Königs», den heute eine im 19. Jahrhundert unter Ludwig Philipp angefertigte Treppe ersetzt. Heute weisen nur noch die von Antoine Rousseau und seinen Söhnen geschnitzten, die Wasserfreuden darstellenden Holztäfelungen darauf hin, dass dieser Raum damals ein Baderaum gewesen war. Übrigens benutzte ihn Ludwig XVI. auch nicht als solchen und richtete hier seinen «Kassettenraum» ein, wo er über seine Privatkonten Buch führte.

MADAME DU HAUSSET, ERINNERUNGEN

« Der Hofarzt des Königs [Ludwig XV.] kam eines Tages zu Madame; er sprach von Irren und von Wahnsinn. Der König war ebenfalls anwesend, und alles, was mit Krankheiten jeglicher Art in Verbindung stand, erweckte sein Interesse. Der Hofarzt sagte, dass er sechs Monate im voraus die Symptome des Wahnsinns erkannte. Der König sagte: "Gibt es am Hofe Menschen, die wahnsinnig werden? Ich kenne einen, der vor Ablauf der nächsten drei Monate schwachsinnig sein wird"; sagte er. Der König drängte ihn, ihm dies zu sagen. Er zierte sich eine gewisse Zeit; schließlich aber sagte er: "Es ist Monsieur Séchelles, der Generalkontrolleur."»

Diese Kommode, die 1778 ursprünglich für Fontainebleau in Auftrag gegeben worden war, wurde auf Befehl von Ludwig XVI. in seine Bibliothek in Versailles gebracht. Erst vor kurzem wurde sie hier wieder aufgestellt.

DIE BIBLIOTHEK LUDWIGS XVI.

Am Tode seines Großvaters im Jahr 1774, während Ludwig XVI. in Compiègne verweilte, erteilte er dem Architekten Gabriel den Auftrag, das schon ausgearbeitete Projekt dieser Bibliothek zu verwirklichen. Zuvor war dieser Raum das Schlafgemach der Madame Adelheid, für die Ludwig XV. ein fünf Räume umfassendes Gemach hatte einrichten lassen, und danach hatte er diese Suite 1769 mit seinem eigenen kleinen Gemach verbinden lassen. Der für diesen Raum angefertigte Tisch mit einer aus einem Stück gearbeiteten Mahagoniplatte von 2,10 m Durchmesser stammt von Riesener.

DER SPEISESAAL MIT PORZELLANAUSSTELLUNG

Im Jahr 1769 ließ Ludwig XV. diesen Speisesaal einrichten, in dem bis 1789 die privaten Soupers des Königs stattfanden, zu denen er rund vierzig Personen lud. Unter Ludwig XVI. wurden hier jedes Jahr zu Weihnachten die neuesten Produktionen der Porzellanmanufaktur von Sèvres ausgestellt.

Die Platten aus Sèvres-Porzellan wurden auf Auftrag von Ludwig XVI. nach Vorlage der Tapisserien der *Jagdszenen mit Ludwig XV.* von Jean-Baptiste Oudry angefertigt.

Oben : Der Hirsch, der vor den Hunden in den Franchard-Felsen im Wald von Fontainebleau flieht

Links : Das Genossenmachen der jungen Hunde, das «Fohu am Ende des Genossenmachens»

DER SPIELSALON LUDWIGS XVI.

Vom Kabinett der Kuriositäten Ludwigs XIV., das den Besucher durch den Reichtum der ausgestellten Sammlungen bestach, gibt es keine Spur mehr. 1753 wurde hier ein Vorzimmer des Gemaches der Madame Adelheid eingerichtet und 1769 von Ludwig XV. umgestaltet. Dessen Enkel ließ den Raum schließlich in einen Spielsalon verwandeln. Ein Großteil des während der Revolution verstreuten Mobiliars konnte wiedergefunden und hierher zurückgebracht werden : die vier 1774 von Riesener angefertigten Eckschränkchen; die 1785 von Boulard gelieferten Stühle.

Die von Ludwig XVI. ausgewählten Gouachen von Van Blarenberghe illustrieren die von seinem Großvater davongetragenen militärischen Siege.

M. DE SEGURET, ERSTER KOMMIS DER KLEINEN GEMÄCHER LUDWIGS XVI., ERINNERUNGEN

« Ich kann bestätigen, dass Seine Majestät seinen Kaffee oftmals sehr viel kälter trank als Sie oder ich [...]. Währenddessen waren die Gäste im Salon versammelt; Monsieur hatte die Whist-Partie arrangiert, und Graf d'Artois spielte Billard. Wenn der König schließlich den Salon betrat, spielte er Tricktrack, wobei die Spielmarke einen Ecu wert war; er liebte es nicht, hoch zu spielen, und ein Ecu war sein maximaler Einsatz. »

Tricktrack-Spieltisch für den Spielsalon Ludwigs XVI.

DIE KLEINEN KABINETTE DES KÖNIGS

Rund um den Hirschhof ließ sich Ludwig XV. im auf die Eingangshöfe des Schlosses zeigenden Dachgeschoss einen über vier Ebenen verlaufenden, den Kurtisanen nicht zugänglichen Intimbereich einrichten. Er umfasst ein regelrechtes Labyrinth : Speisesäle, Küchen, Labors, Baderäume, Bibliotheken, Ateliers. Nach dem Tod seiner Gemahlin brachte Ludwig XV. in diesen kleinen Kabinetten seine letzte Mätresse Madame Du Barry unter. Nach Ludwigs XV. Tod wurde sie verbannt, und das Gemach wurde Thierry de Ville d'Avray, dem Ersten Kammerdiener, und dem Herzog de Villequier, Edelmann und Erster Kämmerer, zugeteilt. Ludwig XVI., dessen Vorliebe für die Technik bekannt war, benutzte jedoch die anderen Kabinette weiterhin, und es wird niemanden überraschen, hier ein Tischlereikabinett, ein Kabinett für die Holzdrehbank, eine in die Legende eingegangene Schlossereiwerkstatt, einen Raum für die Drehbank für die Mechanik usw. vorzufinden.

Die Stufe des Königs zu den kleinen Kabinetten des Königs

*Rechte Seite :
Zimmerflucht des Gemachs der Madame Du Barry*

DIE INNENKABINETTE DER MARIE-ANTOINETTE

DAS GOLDENE KABINETT

Die kurze Zeit nach dem endgültigen Einzug des Hofes in Versailles verstorbene Königin Maria Theresia, Gemahlin von Ludwig XIV., verfügte nur über ein Oratorium und ein Boudoir als Privatgemach. Erst Maria Leszczynska begann, diese hinter dem Gemach der Königin liegenden Räume zu vervielfältigen. Ihr größtes Ausmaß erhielten sie aber unter Marie-Antoinette.
Das Innenkabinett, auch goldenes Kabinett genannt, bildet den Hauptraum. Hier konnte Marie-Antoinette ihre Freundinnen versammeln und ihre am meisten geschätzte Malerin Madame Vigée-Lebrun, ihre Modelieferantin Rose Bertin, und ihren Musiklehrer Grétry empfangen. Das 1783 im am Ende des XVIII. Jahrhunderts in Mode gekommenen «antiken Stil» renovierte Kabinett präsentiert heute zahlreiche Möbelstücke aus dem Besitz Marie-Antoinettes : die von Riesener angefertigte Kommode stammt aus ihrem Schlafgemach im Schloss von Marly, die Sessel und der Kronleuchter kommen aus ihrem Gemach im Schloss von Saint-Cloud. Die Tür links vom Kamin öffnet sich auf ein kleines Kabinett, dessen Holztäfelungen mit Martin-Lack bemalt sind.

DER KANAPEE-SALON

Die Ausstattung wurde 1781 von Ludwig XVI. anlässlich der Geburt des Dauphins in Auftrag gegeben; sie beinhaltet zahlreiche dieses Ereignis und die eheliche Liebe verkörpernde Symbole. Marie-Antoinette hielt hier ihren Mittagsschlaf, daher der Name Kanapee-Salon. Dieser kleine achteckige Raum gab ihr die Möglichkeit, sich aus ihrem Paradegemach zurückzuziehen und den Förmlichkeiten der Etikette zu entrinnen.

DIE BIBLIOTHEK

Der 1781 in der heutigen Form fertiggestellten Bibliothek wurde 1783 ein zusätzlicher Raum (unten) angegliedert, um die großformatigen Werke unterzubringen. Dieser Bestand wurde während der Revolution verstreut, jedoch konnten einige mit den Wappen von Marie-Antoinette oder ihrer Familie versehene Werke zurückgebracht werden.

DAS BILLARD-KABINETT

Hier hatte die Königin weitere Kabinette eingerichtet. In dem damaligen Billardsaal wurden die Seidenbehänge wieder hergestellt und die Kanapees von J. Jacob erneut aufgestellt.

DIE GEMÄCHER VON MADAME VICTORIA UND MADAME ADELHEID

Ein Teil dieser Gemächer (die von Madame Victoria) entspricht dem, was als einer der schönsten Orte des Schlosses betrachtet wird : das Badegemach Ludwigs XIV. Die Wände und der Boden sind mit polychromen Marmoreinlagen versehen, und in der Mitte des Badegemachs stand ein achteckiges Schwimmbecken, welches erhalten werden konnte und heute in der Orangerie zu sehen ist. Die beiden ältesten Töchter Ludwigs XV., Madame Adelheid (1732-1800) und Madame Victoria (1733-1799) bewohnten diese Gemächer bis zur Revolution, als sie ins Exil fliehen mussten.

GRÄFIN DE BOIGNE, ERINNERUNGEN

« Madame Adelheid war die älteste der fünf Prinzessinnen. Sie hatte nicht heiraten wollen und ihren Rang als Tochter Frankreichs vorgezogen. Bis zum Tode Ludwigs XV. hatte sie den Hof geführt. Eine ihrer Schwestern, Madame Infante, regierte ziemlich traurig in Parma; eine weitere, Madame Luise, war Karmeliterin. Unter den fünf Prinzessinnen schien sie ohne Vergleich das gesellschaftliche Leben am meisten zu lieben. Sie genoss alle Vergnügungen mit Leidenschaft, war den Schlemmereien sehr zugetan, legte großen Wert auf ihr äußeres Erscheinen, hatte einen extremen Bedarf an vom Luxus inspirierten Erfindungen, eine lebhafte Fantasie sowie einen starken Hang zur Koketterie. Und als der König das Schlafgemach von Madame Adelheid betrat, um ihr mitzuteilen, dass Madame Luise sie in der Nacht verlassen hatte, war ihr erster Ausruf: "Mit wem?" »

Die sehr zahlreichen hier ausgestellten Gemälde bieten, neben ihrer künstlerischen Qualität, einen ausgezeichneten Einblick in das alltägliche Leben am Hofe im 18. Jahrhundert: das Porträt von Madame Adelheid (linke Seite) von Jean-Marc Nattier zeugt von den prunkvollen Gewändern, und *Die Familie des Herzogs de Penthièvre*, auch *Die Schokoladentasse* genannt, illustriert eine Szene des intimen Lebens einer fürstlichen Familie.

Die Familie des Herzogs de Penthièvre, auch Die Schokoladentasse genannt (Detail), von Jean-Baptiste Charpentier, 1768

DIE ANDEREN FÜHRUNGEN – 105

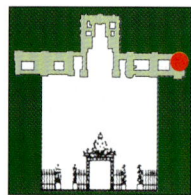

DER OPERNSAAL

Dieser Theatersaal hat eine lange Entstehungszeit erfahren, denn zwischen einem ersten Projekt, das aus der Herrschaft Ludwigs XIV. datiert, und der Verwirklichung des Saals 1770, vergingen mehr als achtzig Jahre. Es bedurfte eines so bedeutenden Ereignisses wie die Hochzeit des Dauphins, zukünftiger Ludwig XVI., mit der Erzherzogin von Österreich, Marie-Antoinette, um die nötigen Finanzmittel schließlich zur Verfügung zu stellen. Der Architekt Gabriel, der seit 1748 an diesem Projekt arbeitete, musste diese Bauarbeiten in nur dreiundzwanzig Monaten fertigstellen. Aus wirtschaftlichen und gleichzeitig akustischen Gründen ist dieser Saal ausschließlich aus Holz gebaut. Damit man hier nicht nur Opern aufführen oder Konzerte geben, sondern auch Ballabende oder prunkvolle Empfänge veranstalten konnte, erfand der Bühnentechniker Arnoult einen Mechanismus zum Anheben des Parketts bis zur Ebene der Bühne, eine der größten Frankreichs. Unter der Bühne nimmt die Maschinerie ein Volumen ein, dessen Höhe laut den Aufzeichnungen von Herzog de Croÿ in seinem *Journal* am 16. Mai 1770 «ungefähr die Hälfte der Türme von Notre-Dame» entspricht. Das dekorative Schnitzwerk stammt aus dem Atelier von Augustin Pajou.

Am 1. Oktober 1789 fand hier das Bankett der Leibwächter des Königs statt, welches großes Aufsehen erregte. Diese Episode ist nicht schuldlos an der Tatsache, dass die Pariser am 6. Oktober das Schloss stürmten und die königliche Familie zum endgültigen Verlassen von Versailles zwangen. Erst im Jahr 1837 wurde dieser Saal anlässlich der Eröffnung des von Ludwig Philipp gegründeten Museums erneut benutzt. 1871 tagte hier die Nationalversammlung, und zwischen 1876 und 1879 der Senat.

Basrelief von Augustin Pajou

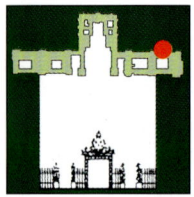

DIE REVOLUTIONSSÄLE

Hier begeben wir uns noch einmal in den Rahmen des Museums der Geschichte Frankreichs von Ludwig Philipp. In vier Sälen werden einige Höhepunkte der französischen Revolution von 1789 geschildert. Die Anfänge werden von der großen Zeichnung *Der Ballhausschwur* (20. Juni 1789) von David illustriert. Ein Gemälde von Hubert Robert stellt *Die Bündnisfeier auf dem Marsfeld am 14. Juli 1790* dar, und das Werk von Jacques Berteaux veranschaulicht die Erstürmung der Tuilerien am 10. August 1792, Datum des Sturzes der Monarchie. Das 1792 von Kucharski gemalte Porträt von Marie-Antoinette wurde von zwei Spießen durchbohrt; die Einstiche sind noch heute sichtbar.

Oben :
Der Ballhausschwur
in Versailles
am 20. Juni 1789,
von Jacques-Louis David

Links und rechte seite :
Der Ballhausschwur;
Zeichnung
von Jacques-Louis David

— DIE ANDEREN FÜHRUNGEN

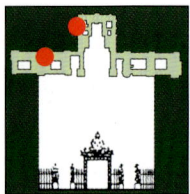

DIE KONSULATS- UND EMPIRE-SÄLE

Die im zweiten Stockwerk in der Chimay-Attike (über dem Gemach der Königin) und in der Süd-Attike sowie im Erdgeschoss des Südflügels gelegenen Konsulats- und Empire-Säle umfassen insgesamt 31 demjenigen gewidmete Räume, der damals als General Bonaparte bekannt war und am 2. Dezember 1804 unter dem Namen Napoleon I. zum Kaiser gekrönt wurde.

In Versailles sind zahlreiche Illustrationen der napoleonischen Heldenepos und der kaiserlichen Familie zu sehen, denn Ludwig Philipp hat den fast kompletten Bestand der von Napoleon I. zur Verherrlichung seines eigenen Ruhmes in Auftrag gegebenen Gemälde zusammengetragen. 1837 konnte das «dem Ruhm Frankreichs» gewidmete Museum den über fünfzehn Jahre vorher verstorbenen Kaiser, dessen Partisanen jedoch noch zahlreich waren, nicht ignorieren.

Napoleon Bonaparte, Erster Konsul, vor einer Ansicht von Antwerpen, von Jean-Baptiste Greuze

Napoleon hält eine Ansprache an das 2. Korps der Großen Armee vor dem Angriff auf Augsburg, von Claude Gautherot

Rechte Seite: Der General Bonaparte auf der Arcole-Brücke, 17. November 1796, von Antoine-Jean Gros

110 — DIE ANDEREN FÜHRUNGEN

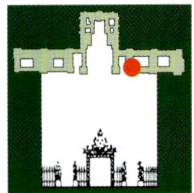

DIE SÄLE DES 19. JAHRHUNDERTS

Neben der Restauration (von 1814 bis 1830) und der Juli-Monarchie (von 1830 bis 1848) sind in diesen Sälen auch das Zweite Empire (von 1852 bis 1870) und die Dritte Republik bis zum Ersten Weltkrieg vertreten. Nach dem Sturz seines Gründers 1848 konnte das Museum der Geschichte Frankreichs seine Sammlungen stets mit weiteren Werken bereichern.

Hier werden nicht nur die bedeutendsten historischen Ereignisse illustriert, sondern auch die politischen Persönlichkeiten oder Künstler, die ihr Jahrhundert geprägt haben : Lamartine, Baudelaire, Stendhal, Hugo, Mallarmé, Debussy ...

Ludwig Philipp I., König der Franzosen (1773-1850), und die Charta von 1830, nach Winterhalter

Rechte Seite :
Einzug Karls X. in Paris
am 6. Juni 1825,
von Louis-François Lejeune

112 — DIE ANDEREN FÜHRUNGEN

PROMENADEN DURCH DIE GÄRTEN

IM WESTEN

Seit 1992 werden die Gärten neu bepflanzt, jedoch werden sie wegen des verheerenden Unwetters im Dezember 1999 ihren geplanten Aspekt erst in mehreren Jahrzehnten wiederfinden.

Für den Besucher, der die Gärten aus dem mittleren Fenster des Spiegelsaals betrachtet, stellt sich die große Perspektive zur Schau, die seinen Blick vom Wasserparterre zum Horizont gleiten lässt. Diese ursprüngliche Perspektive, die noch vor der Herrschaft Ludwigs XIV. entstanden war, verleitete Le Nôtre dazu, sie zu gestalten und zu verlängern; so erweiterte er die Königsallee und ließ den Großen Kanal anlegen.

DAS WASSERPARTERRE

Die beiden Wasserparterres geben den Anschein, als seien sie die Fortsetzung der Schlossfassade. Dieser mehrmals umgestaltete Komplex erhielt erst 1685 seine endgültige Gestalt. Die bildhauerische Landschaft wurde damals von Charles Le Brun entworfen und unter seiner Leitung ausgeführt : jedes Becken ist mit vier liegenden Figuren geschmückt, welche die Ströme und Flüsse Frankreichs symbolisieren, ergänzt von vier Nymphen und vier Kindergruppen. Von 1687 bis 1694 gossen die Gebrüder Keller im Arsenal zu Paris die von den Bildhauern gelieferten Modelle in Bronze (Tuby, Le Hongre, Regnaudin, Coysevox...).

*Die Marne,
von Le Hongre*

*Unten : Die Rhône,
von Tuby*

Colbert, Anweisungen
und Regelungen
für die Bauwerke
von Versailles,
24. Oktober 1674

« Zweimal wöchentlich sind die Pumpen
zu prüfen. Es ist darauf zu achten,
dass nichts fehlt, und dass stets
ein zweifacher Vorrat an Bäumen,
Holz und Schrauben für die Utensilien
vorhanden ist...
Er möge alle Springbrunnen unverzüglich
prüfen und die Anzahl der Handwerker
festlegen, die Denis Springbrunnenmeister
entsprechend seinem Vertrag
zur Verfügung stehen müssen. »

Die Garonne, von Coysevox

Tierkampf, ein Stöberhund reißt einen Hirsch, von Houzeau

Die Wasserparterres lassen sich weder von den beiden 1687 fertiggestellten Springbrunnen, den sogenannten Tierkampfbrunnen, welche die große, zum Leto-Becken führende Treppe umrahmen, noch von den sechs allegorischen Statuen: *Die Luft* (von Le Hongre), *Der Abend* (von Desjardins), *Der Mittag* und *Das Morgengrauen* (von G. Marsy), *Der Frühling* (von Magnier) und *Das Wasser* (von Le Gros) trennen. Diese Figuren gehörten zu dem «großen Auftrag», den Colbert 1674 zur Beschaffung von Marmorstatuen erteilte.

PROMENADEN DURCH DIE GÄRTEN – 117

DAS LETO-BECKEN

Das von den *Metamorphosen* von Ovid inspirierte Leto-Becken illustriert die Legende der Mutter von Apollo und Diana, die ihre Kinder vor den Verhöhnungen der Bauern von Lykien schützt und Jupiter anfleht, sie zu rächen.

Die von den Gebrüdern Marsy angefertigte mittlere Marmorgruppe mit Leto und ihren Kindern erhob sich ursprünglich, im Jahr 1670, auf einem Felsen. Sie war von sechs, zur Hälfte aus dem Wasser ragenden Fröschen umgeben, und weitere vierundzwanzig Frösche waren außerhalb des Beckens auf einer Rasenplattform angeordnet. Die Göttin blickte damals auf das Schloss.

Diese Gestaltung wurde zwischen 1687 und 1689 von Jules Hardouin-Mansart geändert. Der Felsen wurde von einem konzentrischen Marmorsockel ersetzt, und die Leto-Gruppe ist jetzt zum Großen Kanal gerichtet. Das Leto-Becken setzt sich in einem Parterre mit den beiden Eidechsenbecken fort.

DAS LETO-PARTERRE

Die Rampen des Leto-Parterres sind mit achtzehn Statuen (neun auf jeder Seite) ausgestattet, darunter *Das lyrische Gedicht* von Tuby, *Das Feuer* von Dossier, *Die Melancholie* von La Perdrix, welche zu dem 1674 von Colbert an zahlreiche Bildhauer erteilten Auftrag gemäß einem von Charles Le Brun entworfenen ikonographischen Programm gehören. Die halbmondartige Form des sich auf die Königsallee öffnenden Leto-Parterres wird von zehn Statuen betont, darunter vier berühmte, aus der Zeit Ludwigs XIV. stammende Gruppen : *Castor und Pollux* von Coysevox, *Aria und Poetus* von Lespingola, *Der Frieden der Griechen* von Carlier und Mosnier, und *Laokoon und seine Söhne* von Tuby.

> COLBERT, ANWEISUNGEN UND REGELUNGEN FÜR DIE BAUWERKE VON VERSAILLES, 24. OKTOBER 1674
>
> « Er möge regelmäßig alle auf dem Kanal befindliche Bauwerke prüfen, die Anzahl der erforderlichen Handwerker festlegen und mir jeden Monat sein Attest übergeben.»

PROMENADEN DURCH DIE GÄRTEN

DIE KÖNIGSALLEE

Die wegen ihres mittleren Grasstreifens auch «Grüner Teppich» genannte Königsallee ist 335 Meter lang und 40 Meter breit. Ihre Trasse datiert von der Herrschaft Ludwigs XIII., jedoch wurde sie von Le Nôtre verbreitert und von zwölf Statuen und zwölf Vasen (in symmetrischen Paaren aufgestellt) betont. Die meisten Werke wurden im 17. Jahrhundert von den Schülern der Französischen Akademie in Rom geliefert. Zu beiden Seiten kann man über Alleen zu den Bosketten gelangen, die der Spaziergänger nach und nach entdecken kann.

DAS APOLLO-BECKEN UND DER GROßE KANAL

Schon 1636, unter Ludwig XIII., existierte an dieser Stelle ein Becken (das sogenannte Schwanenbecken); Ludwig XIV. ließ es vergrößern und mit dem prachtvollen und berühmten Werk aus vergoldetem Blei, eine Darstellung von Apollo auf seinem Wagen von Tuby nach einer Zeichnung von Le Brun, verzieren. Tuby schuf diese Monumentalgruppe zwischen 1668 und 1670 in der Gobelin-Manufaktur; anschließend wurde es nach Versailles transportiert und ein Jahr später dort aufgestellt und vergoldet.
Danach folgte der Große Kanal; die Arbeiten dauerten elf Jahre (von 1668 bis 1679). Er bildete den Rahmen für viele Wasserfeste, und zahlreiche Boote fuhren darauf. Ab 1669 ließ Ludwig XIV. kleine Schaluppen und Schiffe kommen. 1674 schickte die Republik von Venedig dem König zwei Gondeln und vier Gondoliere, die in einer Gebäudefolge am Kanalkopf, seitdem als das Kleine Venedig bekannt, untergebracht wurden.

LUDWIG XIV.,
RUNDGANG DURCH DIE
GÄRTEN VON VERSAILLES

« Man steige zum Apollo-Becken hinab und lege hier eine Pause ein, um die Figuren und die Vasen der Königsallee, das Leto-Parterre und das Schloss zu bewundern; man hat ebenfalls Sicht auf den Kanal. Wer am gleichen Tage die Menagerie und Trianon besichtigen will, tue dies, bevor er sich den übrigen Springbrunnen widmet. »

PROMENADEN DURCH DIE GÄRTEN – 127

IM NORDEN

Im nördlichen Teil der Gärten ist das Wasser ein dominierendes Thema, wahrscheinlich, weil das natürliche Gefälle des Geländes sich für die zahlreichen Wassereffekte besonders gut eignete. Ganz in der Nähe befand sich auch bis 1684 die Tethys-Grotte, die schon damals zahlreiche Besucher wegen der Vielfalt ihrer Wasserspiele und ihres wunderschönen Innendekors verzauberte.

Auch hier wurde das Prinzip einer zentralen Allee mit weiter Sicht, eingesäumt von mit Weißbuchenhecken umrandeten Bosketten, angewandt, welches die Ost-West-Achse kennzeichnet. Eine Treppe, eine Pyramide (vergleichbar mit dem Leto-Becken), eine Wasserallee (die wie die Königsallee den Blick öffnet), dann das Drachenbecken (von der Thematik her vergleichbar mit dem Apollo-Becken), und zum Abschluss das großzügig angelegte Neptun-Becken.

Der Scherenschleifer, von Foggini, und Die sittsame Venus, nach Coysevox

128 — PROMENADEN DURCH DIE GÄRTEN

DAS NORDPARTERRE

Von der zentralen Terrasse und dem Wasserparterre geht man einige von zwei Bronzeskulpturen : *Die sittsame Venus* nach Coysevox, und *Der Scherenschleifer* von Foggini, umrandete Stufen hinunter zum 1664 angelegten Nordparterre. Zu beiden Seiten der zentralen Allee befinden sich die beiden sogenannten Kronenbecken, in denen aus Blei gegossene Tritonen und Sirenen von Tuby und Le Hongre schwimmen. Das Nordparterre ist von achtzehn Skulpturen umrahmt; fünfzehn dieser Skulpturen gehören zum großen Auftrag von 1674. Sein von Charles Le Brun entworfenes ikonographisches Programm schildert den Mythos von Apollo und dessen erquickende und einflussreiche Reise um die Erde. Die Statuen sind immer zu viert : die vier Erdteile, die vier Jahreszeiten, die vier Elemente... Die ständigen Umgestaltungen der Gärten haben jedoch zur Zersplitterung dieser Gruppen geführt.

130 — PROMENADEN DURCH DIE GÄRTEN

PROMENADEN DURCH DIE GÄRTEN – 131

DIE PYRAMIDE

Die von Girardon nach einer Zeichnung von Le Brun angefertigte Pyramide erforderte drei Jahre Arbeit. Sie besteht aus vier übereinander angeordneten Brunnenschalen aus Marmor, getragen von Tritonen, Delphinen und Flusskrebsen aus Blei.

132 – PROMENADEN DURCH DIE GÄRTEN

DAS BAD DER NYMPHEN

Die Kaskade, auch das Bad der Nymphen Dianas genannt, wird mit dem Überlaufwasser des Pyramiden-Springbrunnens versorgt und ist mit Basreliefs verziert; das an der Srützmauer angebrachte Basrelief aus ehemals vergoldetem Blei von Girardon (1668-1670) ist das bekannteste. Die anderen sind Werke von Le Gros, Le Hongre und Magnier.

Das Bad der Nymphen Dianas, von Girardon

DIE WASSER-ALLEE

Nach Aussagen seines Bruders Charles (der berühmte Märchenerzähler) hat Claude Perrault (der Architekt) diese Allee, auch «Allee der Marmousets» («groteske Figuren», ein Begriff aus der Umgangssprache, abgeleitet von «marmots», etwa Gören oder Bälger), genannt, entworfen. Sie wird von zweiundzwanzig Gruppen aus Bronze, welche Brunnenschalen aus Marmor aus dem Languedoc tragen, hervorgehoben.

DAS DRACHENBECKEN

Die Wasserallee mündet halbmondförmig im Drachenbecken, welches eine Episode der Legende Apollos darstellt : Der Pythondrache (vom jungen Apollo mit einem Pfeil getötet) ist von Delphinen und mit Bogen und Pfeilen gerüsteten, auf Schwänen reitenden Amors umgeben. Der größte Wasserstrahl erhebt sich siebenundzwanzig Meter hoch. Die an jeder Seite des Beckens angelegten Alleen führen zu zwei Bosketten, die gegenwärtig restauriert werden : östlich das Boskett des Siegreichen Frankreichs, westlich das Boskett der Drei Fontänen.

DAS NEPTUN-BECKEN

Das Neptun-Becken wurde zwischen 1679 und 1681 unter der Leitung von Le Nôtre gebaut und hieß damals «Wasserbecken unter dem Drachen» oder «Tannenbecken». 1736 veränderte Jacques-Ange Gabriel leicht die Trasse, und 1740 wurde der bildhauerische Dekor angelegt. Er besteht aus drei Gruppen : *Neptun und Amphitrite* von L.-S. Adam, *Proteus* von Bouchardon, und *Okeanos* von J.-B. Lemoyne. Das neue, von Ludwig XV. eingeweihte Becken rief durch die Anzahl, die Fülle und die Vielfalt der auf Bleiskulpturen spielenden Wasserstrahlen große Bewunderung hervor. Es verfügt über neunundneunzig verschiedene Effekte, welche ein außergewöhnliches hydraulisches Kunstwerk bilden.

IM SÜDEN

DAS SÜDPARTERRE

Den schönsten Blick auf das Südparterre hat man wahrscheinlich aus den Gemächern der Königin im ersten Stockwerk des Schlosses. Diese ursprünglich «Blumenparterre» oder «Amorparterre» genannte Anlage liegt über der von Jules Hardouin-Mansart errichteten Orangerie. Der Weg führt über eine Freitreppe, umrandet von den beiden ältesten Skulpturen des Parks : *Die Kinder auf Sphinxen*. Die Kinder aus Bronze wurden von Sarazin entworfen, 1668 von Duval gegossen und auf die Marmorsphinxe gesetzt, und von Lerembert ausgemeißelt.

*Die schlafende Ariane,
Kopie nach antiker Vorlage,
von Van Clève*

136 – PROMENADEN DURCH DIE GÄRTEN

LUDWIG XIV.,
RUNDGANG DURCH DIE
GÄRTEN VON VERSAILLES

« Danach wende man sich
nach links, um zwischen
den Sphinxen hindurch
zu schreiten [...].
Dort lege man eine Pause ein,
um das Südparterre
zu bewundern; danach begebe
man sich geradeaus zur Orangerie
und werfe einen Blick
auf die Orangenbäume
und auf den Schweizer See.»

DIE ORANGERIE

Die als Ersatz der 1663 von Le Vau errichteten kleinen Orangerie von Jules Hardouin-Mansart zwischen 1684 und 1686 erbaute Orangerie besteht aus einer 155 m langen, von zwei unter der Treppe der Hundert-Stufen angeordneten seitlichen Galerien fortgeführten, gewölbten zentralen Galerie. Das Licht tritt durch große Rundbogenfenster ein. Das Parterre der Orangerie erstreckt sich über eine drei Hektar große Fläche; unter Ludwig XIV. war es mit Skulpturen verziert, die heute im Louvre-Museum zu sehen sind. Es besteht aus vier Rasenflächen und einem runden Becken und bietet im Sommer Platz für 1055 in Kübel gepflanzte Bäume (Palmen, Oleander, Granatapfelbäume, Eugenien, Orangenbäume...), die anschließend wieder ihr Winterquartier im Innenraum der Orangerie beziehen.

Als Verlängerung des Orangerie-Parterres über die Route de Saint-Cyr hinaus erstreckt sich das Schweizer Wasserbecken, dessen Aushubarbeiten 1678 begannen, das aber erst 1688 fertiggestellt wurde. Es ist 682 Meter lang und 234 Meter breit und nimmt somit 16 Hektar ein (entspricht der doppelten Fläche des Place de la Concorde in Paris).

Die Hundert-Stufen

PROMENADEN DURCH DIE GÄRTEN — 139

DIE ALLEEN UND DIE BOSKETTE

Unter der Herrschaft Ludwigs XIV. zählten die Gärten von Versailles fünfzehn Boskette, also durch Weißbuchenhecken vor den Blicken verborgene und von Gittern umschlossene Flächen. Sie bildeten den Hintergrund für die strikte Regelmäßigkeit der allgemeinen Linienführung der Gärten; durch ihre unterschiedlichen Formen und Dekors überraschten sie den Besucher. Die meisten waren von Le Nôtre entworfen; einige jedoch wurden von Jules Hardouin-Mansart umgestaltet. Diese charmanten «grünen Säle», regelrechte Häfen der Fantasie, bieten einen Überfluss an Wasserspielen und bildhauerischen Anlagen. Sie dienten als Rahmen für Festlichkeiten und Veranstaltungen wie Tanz, Konzerte, Theateraufführungen oder Imbisse. Aufgrund des schwierigen und kostspieligen Unterhalts verkamen zahlreiche Boskette jedoch sehr schnell und wurden im 18. Jahrhundert geschlossen. Das *Labyrinth*, eines der berühmtesten Boskette, wurde anlässlich der Neubepflanzung der Gärten in den Jahren 1775-1776 vollständig zerstört, andere, wie beispielsweise *Apollos Bäder*, wurden dem unter der Herrschaft Ludwigs XVI. und seiner Gemahlin Marie-Antoinette sehr beliebten anglo-chinesischen Modetrend angepasst; im 19. Jahrhundert wurde die Königsinsel unter Ludwig XVIII. aufgeschüttet und in den Königsgarten umgestaltet, bepflanzt mit seltenen und exotischen Bäumen.

DIE BACCHUS- UND SATURNALLEE

Parallel zur Königsallee führt eine Hauptachse zu den Nordbosketten, eine zweite zu den Südbosketten. In der südlichen Richtung handelt es sich um die Bacchus- und Saturnallee, hervorgehoben von zwei Becken, in deren Zentrum sich jeweils eine Statue aus vergoldetem Blei, die eine von den Gebrüdern Marsy und die andere von Girardon, erhebt. Symmetrisch zum nördlichen Abschnitt symbolisieren sie die vier Jahreszeiten.

DAS BOSKETT DER KÖNIGIN

Dieses Boskett hat das berühmte Labyrinth ersetzt, welches an jeder Kreuzung neununddreißig Fabeln von Äsop in der Form von natürlich bemalten, Tierfiguren darstellende Bleifontänen illustrierte. Es wurde 1669 nach einer Idee von Charles Perrault angelegt, jedoch anlässlich der Neubepflanzung der Gärten in den Jahren 1775-1776 zerstört und durch das Boskett der Königin ersetzt. Der heute zu bewundernde bildhauerische Dekor wurde am Ende des 19. Jahrhunderts angebracht.

Venus Medici, Bronzeguss der Gebrüder Keller

Oben, rechts : Römische Büste im Boskett der Königin

COLBERT, ANWEISUNGEN UND REGELUNGEN FÜR DIE BAUWERKE VON VERSAILLES, 30. SEPTEMBER 1672

« In den Gärten : man dränge Berthier, den Rocailleur, zwei oder drei Werkstätten einzurichten, um die Rocaille wiederherzustellen. [...] Es ist zu untersuchen, ob das Muschelwerk mit Zement oder mit Messingdraht befestigt werden soll. Man wähle die solideste Art. Man hole den Kupferschmied zurück und veranlasse, dass er mit größter Gewissenhaftigkeit alle Wasserhähne, Ventile, Anschlüsse und sonstigen Vorrichtungen aus Kupfer prüft und instand setzt.»

Ansicht des Ballsaals, mit Armid, der Renaud krönt, von Jean Cotelle

DER BALLSAAL

Der zwischen 1680 und 1683 von Le Nôtre angelegte Ballsaal wird aufgrund seiner kieseligen Kalksteine und der von den Küsten Afrikas und aus Madagaskar angelieferten Muscheln, auf denen das Wasser kaskadenartig rieselt, auch Rocaille-Boskett genannt. Die in der Mitte angebrachte Bühne diente zum Tanz, eine Kunst, die Ludwig XIV. perfekt beherrschte. Das Orchester hielt sich oberhalb der Kaskade, und ein gegenüber eingerichtetes Amphitheater mit rasenbewachsenen Sitzreihen bot den Zuschauern Platz.

Ceres, von Théodon

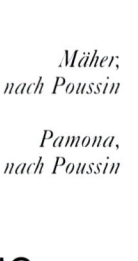

Mäher, nach Poussin

Pamona, nach Poussin

DIE BOSKETTE DES DAUPHINS UND DER GIRANDOLE

Die Boskette des Dauphins und der Girandole, deren Restaurierung im Jahr 2000 vollendet wurde, ersetzen im Norden und im Süden die ehemaligen, unter Ludwig XVI. bepflanzten «Quinconces». Jedes Boskett ist mit von Oberhofmeister Fouquet für sein Schloss von Vaux-le-Vicomte in Auftrag gegebenen und in Rom nach Modellen von Poussin angefertigten Hermen verziert. Am Ende des 17. Jahrhunderts ergänzte der Bildhauer Théodon diese den Jahreszeiten oder mythologischen Gottheiten gewidmete Serie.

DER KASTANIENSAAL

Als dieser Saal zwischen 1680 und 1683 angelegt wurde, nannte er sich Antiken- oder Wassergalerie und umfasste eine von Orangenbäumen, gestutzten Eiben, mit Becken und Springbrunnen gesäumte zentrale Allee. Um die Allee herum waren vierundzwanzig antike Statuen aufgereiht. Das 1704 komplett neu gestaltete und mit acht antiken Büsten und zwei Statuen verzierte Boskett erhielt zu diesem Anlass den Namen «Kastaniensaal». Von dem ursprünglichen Dekor blieben nur die beiden an jedem Ende angelegten Rundbecken erhalten.

Meleagros, im 17. Jahrhundert restaurierte antike Statue

Septimius Severus, Kopie aus dem 17. Jahrhundert, nach antiker Vorlage

DER GARTEN DES KÖNIGS

Das Spiegelbecken befand sich am Ende eines weiten Wasserbeckens, auch Liebesinsel oder Königsinsel (1674) genannt, auf welchem die Versuche der Kriegsschiffmodelle stattfanden. Nachdem es während der Revolution vernachlässigt worden war, wurde es 1817 auf Befehl Ludwigs XVIII. vom Architekten Dufour entfernt und vom Garten des Königs ersetzt, einem verschlossenen, im englischen Stil angelegten und mit prachtvollen, leider zum großen Teil während des Unwetters von 1999 vernichteten Bäumen bepflanzten Garten. Von der ursprünglichen Anlage blieb nur das Spiegelbecken bestehen.

DIE KOLONNADE

Die ab 1685 von Jules Hardouin-Mansart erbaute Kolonnade hat ein 1679 von Le Nôtre entworfenes Boskett, das Quellenboskett, ersetzt. Der Durchmesser dieser Säulenhalle beträgt zweiunddreißig Meter; zweiunddreißig Marmorsäulen in ionischem Stil, verbunden mit zweiunddreißig Pilastern aus Languedoc-Marmor, tragen die Arkaden und ein Kranzgesims aus weißem Marmor, überragt von zweiunddreißig Urnen. Die dreieckigen Bogenfelder zwischen den Arkaden sind mit Kinder darstellenden Basreliefs verziert. Die Bogensteine sind mit Nymphen- und Najadenköpfen geschmückt. In der Mitte dient ein runder Sockel als Untersatz für die berühmte, zwischen 1678 und 1699 von Girardon angefertigte Gruppe *Die Entführung der Persephone durch Pluton* (das schutzbedürftige Original wurde durch einen Guss ersetzt).

Das Basrelief schildert die Entführung der Persephone durch Pluton

DIE CERES- UND FLORA-ALLEE

Die symmetrisch zu den Bacchus- und Saturnbecken angelegten Ceres- und Florabecken symbolisieren den Sommer und den Frühling. Die von Amoren umgebene, eine Sichel in der Hand haltende, auf einem mit Kornähren bestreuten Boden liegende Ceres ist ein Werk des Bildhauers Regnaudin. Die halbnackte Flora ruht auf einem Blumenbett und ist ebenfalls von Girlanden flechtenden Armoren umgeben. Diese Gruppe wurde zwischen 1672 und 1677 vom Bildhauer Tuby angefertigt.

PROMENADEN DURCH DIE GÄRTEN – 149

DAS KUPPELBOSKETT

Dieses 1675 von Le Nôtre entworfene und anschließend oftmals umgestaltete Boskett wechselte mit den jeweilgen Änderungen des Dekors auch seinen Namen. 1677-1678 hieß es Ruhmesboskett in Anspielung auf die in der Mitte des Beckens aufgestellte Ruhmesstatue, aus deren Trompete ein Wasserstrahl entsprang. Zwischen 1684 und 1704 wurden die Gruppen der Bäder des Apollo angebracht, woraus der Name Boskett der Apollo-Bäder entstand. Nachdem Jules Hardouin-Mansart 1677 die beiden von Kuppeln überragten Pavillons aus weißem Marmor erbaut hatte, erhielt es seinen heutigen Namen, obwohl diese Bauwerke 1820 abgerissen wurden.

Das Kuppelboskett 1688, von Simoneau le Jeune

DAS ENKELADOS-BOSKETT

Die Enkelados-Fontäne aus Blei wurde zwischen 1675 und 1677 von Gaspard Marsy angefertigt. Das Motiv ist von der Geschichte des Untergangs der Titanen inspiriert, die von den Felsen des Olymp vergraben wurden, als sie diese trotz des Verbots Jupiters erklettern wollten. Der Bildhauer hat einen halb unter den Felsen verschütteten, gegen den Tod ankämpfenden Riesen dargestellt. Dieses Boskett wurde vor kurzem, zwischen 1992 und 1998, restauriert.

Das Enkelados-Becken zu Beginn des 17. Jahrhunderts, französische Schule

DER OBELISK

Die Obelisk-Fontäne wurde 1704 von Jules Hardouin-Mansart erbaut, an der Stelle des ehemaligen, 1671 von Le Nôtre angelegten Fest- oder Ratssaals, dessen Bleidekor heute die Becken im Garten des Großen Trianon schmücken.

DIE KINDERINSEL

Im Norden der Gärten verbirgt sich zwischen dem Grünen Rondell (ehemaliges Wassertheater-Boskett) und dem Sternboskett (ehemaliges Wasserberg-Boskett), abseits der viel begangenen Alleen, ein rundes Becken, in dessen Mitte sich ein Felsen erhebt. Es handelt sich im die Kinderinsel, ein erfrischendes, 1710 von Hardy errichtetes Meisterwerk. Auf dem Felsen spielen sechs nackte Kinder mit Blumen, während sich zwei weitere Kinder im Wasser tummeln.

DIE APOLLO-BÄDER

An dieser Stelle wurde während der Herrschaft Ludwigs XIV. zwischen 1670 und 1673, auf Anordnung der Madame de Montespan, ein Boskett, das sogenannte Sumpfboskett, angelegt.

1704 plante Jules Hardouin-Mansart für diesen Ort ein neues Boskett, um für die Gruppen *Die Sonnenpferde* (ein Werk von Guérin und den Gebrüdern Marsy) und *Apollo lässt sich von den Nymphen verwöhnen* (ein Werk von Girardon und Regnaudin) einen würdigen Rahmen zu schaffen. Dieses Ensemble wurde zwischen 1664 und 1672 als Schmuck für die berühmte Tethys-Grotte angefertigt; als diese jedoch wegen des Errichtens des Nordflügels des Schlosses abgerissen wurde, verlegte man es in das Kuppelboskett.

Hardouin-Mansart schuf diesen Ort, um diese besonders bewundernswerten Werke zur Geltung zu bringen. Sie wurden von Baldachinen aus vergoldetem Blei geschützt und auf einem Sockel am Beckenrand aufgestellt.

Diese Gestaltung dauerte bis 1776, als man ein Jahr nach der von Ludwig XVI. erteilten Anordnung zur Neubepflanzung des Parks den Maler Hubert Robert beauftragte, einen neuen Plan zu entwerfen. Das von ihm erdachte und 1778 fertiggestellte Boskett entspricht dem damals sehr beliebten Stil der anglo-chinesischen Gärten, den wir noch heute vor uns haben.

Gruppe der Sonnenpferde, von den Gebrüdern Marsy

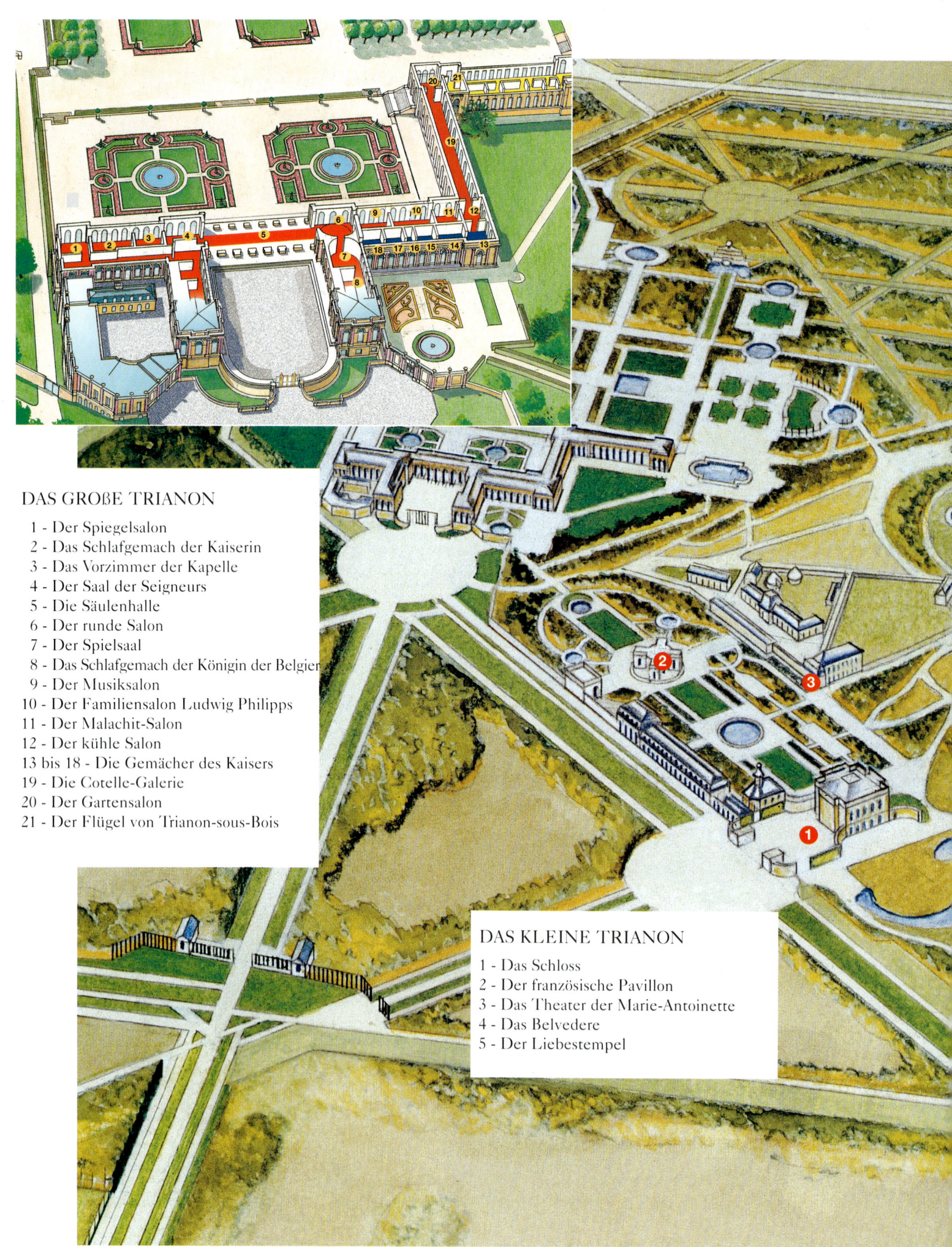

DAS GROßE TRIANON

1 - Der Spiegelsalon
2 - Das Schlafgemach der Kaiserin
3 - Das Vorzimmer der Kapelle
4 - Der Saal der Seigneurs
5 - Die Säulenhalle
6 - Der runde Salon
7 - Der Spielsaal
8 - Das Schlafgemach der Königin der Belgier
9 - Der Musiksalon
10 - Der Familiensalon Ludwig Philipps
11 - Der Malachit-Salon
12 - Der kühle Salon
13 bis 18 - Die Gemächer des Kaisers
19 - Die Cotelle-Galerie
20 - Der Gartensalon
21 - Der Flügel von Trianon-sous-Bois

DAS KLEINE TRIANON

1 - Das Schloss
2 - Der französische Pavillon
3 - Das Theater der Marie-Antoinette
4 - Das Belvedere
5 - Der Liebestempel

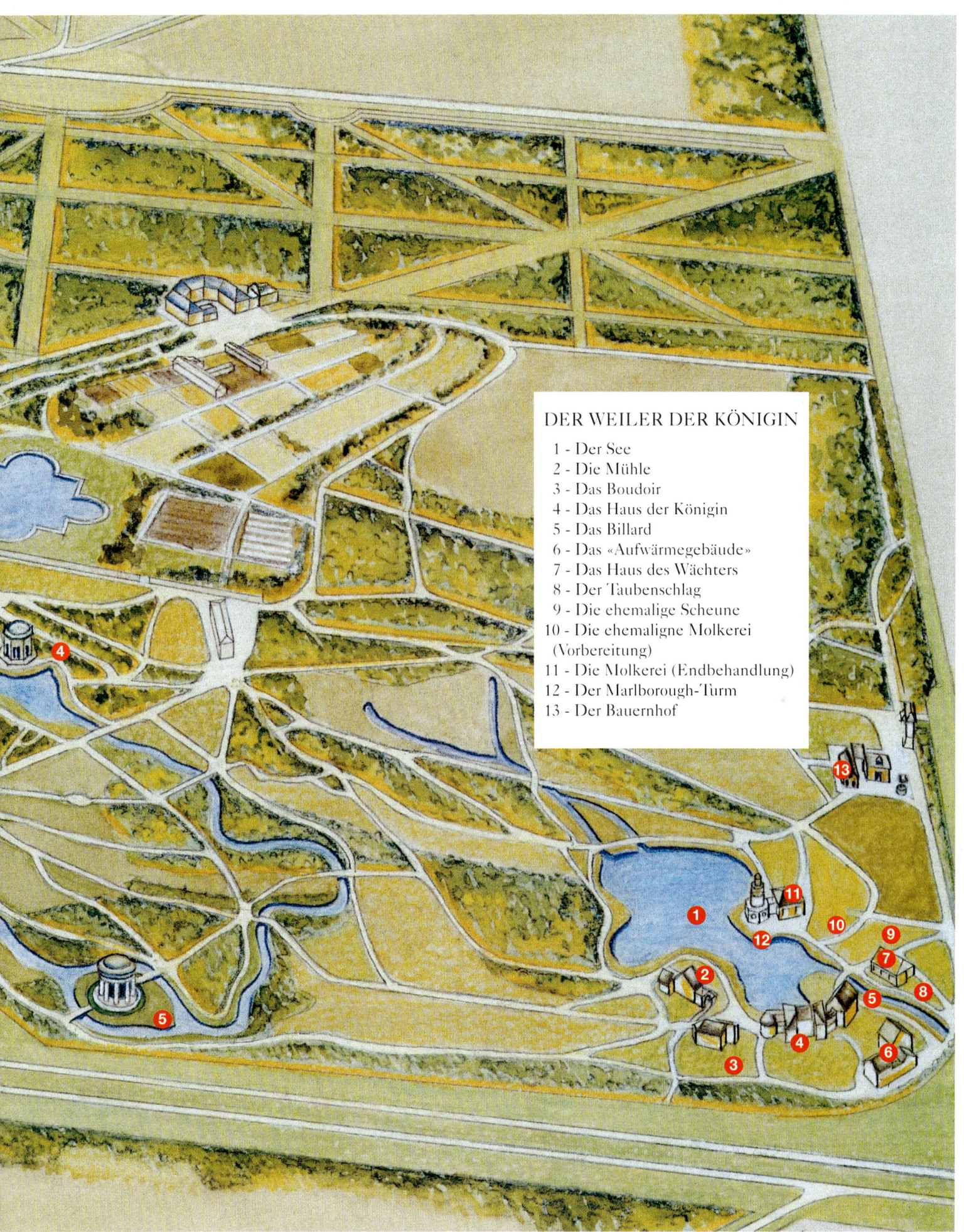

GESAMTPLAN DER TRIANON-SCHLÖSSER — 157

DER WEILER DER KÖNIGIN

1 - Der See
2 - Die Mühle
3 - Das Boudoir
4 - Das Haus der Königin
5 - Das Billard
6 - Das «Aufwärmegebäude»
7 - Das Haus des Wächters
8 - Der Taubenschlag
9 - Die ehemalige Scheune
10 - Die ehemalinge Molkerei (Vorbereitung)
11 - Die Molkerei (Endbehandlung)
12 - Der Marlborough-Turm
13 - Der Bauernhof

DIE TRIANON-SCHLÖSSER

DAS GROSSE TRIANON

Im Jahr 1670 beauftragte Ludwig XIV. den Architekten Le Vau mit dem Bau des sogenannten «Porzellan-Trianon» auf dem Gelände des ehemaligen Dorfes Trianon. Die Wände waren komplett mit blau-weißen Delfter Fayencen verkleidet. 1687 wurde es jedoch abgerissen und ein Jahr später durch das «Marmor-Trianon» ersetzt; dieses Bauwerk von Jules Hardouin-Mansart sehen wir heute.

Das Große Trianon wurde für Konzerte, für Festlichkeiten und kleine Mahlzeiten benutzt. Es war ein Ort der Entspannung, ein privates Revier, und Ludwig XIV. konnte es sich hier erlauben, nur die Damen des Hofes einzuladen.

Die Gärten sind ausschließlich den Blumen gewidmet, mit einer großen Vielfalt verschiedener Arten, die sowohl wegen ihrer Farben als auch ihres Duftes ausgewählt wurden. Madame de Maintenon vermerkte in einem vom 8. August 1689 datierten Brief: «Die Tuberosen zwingen uns, Trianon jeden Abend zu verlassen, [...] Männer und Frauen fühlen sich wegen des starken Parfums unwohl.»

DAS SCHLAFGEMACH DER KAISERIN

Dieses Schlafgemach wurde von Kaiserin Marie-Louise und anschließend von Königin Marie-Amélie bewohnt. Das Mobiliar stammt aus der von den Herrscherinnen benutzten Originalausstattung. Das für Marie-Amélie aus den Tuilerien übersiedelte Bett hatte Napoleon I. 1809 bei Jacob in Auftrag gegeben.

HERZOG DE SAINT-SIMON

« Während eines Aufenthalts in Trianon amüsierten sich die Prinzessinnen (die verwitwete Prinzessin de Conty, die Herzogin de Bourbon-Condé und die Herzogin de Chartres), die dort übernachteten und noch jung waren, bei gemeinsamen nächtlichen Spaziergängen mit «Furzkonzerten». Aus Übermut der beiden älteren, oder aus Unbesonnenheit, ließen sie eines nachts einen Furz unter den Fenstern von Monsieur streichen, er wurde geweckt und war sehr verärgert; er beklagte sich deshalb beim König, der sich ausgiebig entschuldigte, die Prinzessinnen streng schalt und große Mühe hatte, Monsieur zu besänftigen. »

DER SPIEGELSALON

Der Spiegeldekor wurde 1706 unter der Herrschaft Ludwigs XIV. angefertigt. Das Mobiliar stammt zum Teil aus dem Besitz von Kaiserin Marie-Louise, die hier ihr Großes Kabinett eingerichtet hatte. Auf den beiden Konsolen stehen zwei kleine Tempel aus Halbedelsteinen, ein Geschenk des Königs von Spanien Karl IV. an Napoleon I.

DER SAAL DER SEIGNEURS

Dieser Raum wurde unter Ludwig XIV. Vorzimmer der Seigneurs, im 18. Jahrhundert auch Prinzensaal genannt. 1805 diente er als Vorzimmer von Madame Mère, 1810 als Speisesaal für die Suite des Kaisers und der Kaiserin, und 1836 als Saal der Diener von Königin Marie-Amélie.

Die Tischplatte des großen, 1823 von Félix Rémond angefertigten Tisches hat einen Durchmesser von 2,77 m und ist aus Teak; der Sockel ist aus Ulmenholz. Das Gemälde über dem Kamin ist eine Kopie von Mignard, von Delutel, und stellt den ältesten Sohn Ludwigs XIV. mit dessen Familie dar.

L'ILLUSTRATION, 4. OKTOBER 1873

« Gewiss ist es für die Leser keine Überraschung, dass der Prozess von Marschall Bazaine sich in der Vorhalle des Trianon, dieses Schlosses, das Ludwig Philipp so sehr liebt, stattfinden wird. Es wurden schon alle erforderlichen Maßnahmen getroffen, und die große Vorhalle wurde so umgestaltet, dass sie den Erfordernissen ihres neuen und vorübergehenden Zwecks entspricht. »

162 – DIE TRIANON-SCHLÖSSER

DIE SÄULENHALLE

Die Säulenhalle ist die Verwirklichung einer Idee des Architekten Robert de Cotte. Ludwig XIV. hatte das Projekt genehmigt, um hier kleine Mahlzeiten und Soupers servieren zu lassen. Napoleon, dem dieser dem Wind ausgesetzte Gang sehr unangenehm war, ließ ihn 1810 mit beweglichen Glasscheiben versehen, die 1910 wieder entfernt worden sind.

DER RUNDE SALON

Diese Vorhalle führte unter dem Ancien Régime zu den Gemächern des Königs. Im 19. Jahrhundert diente sie als Türdienersaal. Die Gemälde stammen aus der Herrschaft Ludwigs XIV : *Juno und Thetis* und *Die Entführung der Orythie durch Boreas* von François Verdier, und als Sopraporte *Blumen und Obst aus Amerika* von François Desportes.

DER MALACHIT-SALON

Die Halbedelsteine, denen dieser Salon seinen Namen verdankt, waren ein Geschenk des Zaren Alexander I. an Napoleon. Dieser ließ sie 1809 von Jacob Desmalter fassen. Der Kaiser benutzte den Raum als Großen Salon.

DER FAMILIENSALON LUDWIG PHILIPPS

Ludwig Philipp ließ zwei Räume miteinander verbinden, die unter dem Sonnenkönig als Spielvorzimmer und als Ruhezimmer, und während der Empire-Epoche als Salon der Hohen Offiziere und als Prinzensalon dienten. Hier versammelte sich abends die Familie des Bürgerkönigs.

MARQUIS DE SOUCHES, 26. APRIL 1694

« Der König ließ sich für einige Tage in Trianon nieder und gab allen die Möglichkeit, sich wie in Versailles zu jeder Stunde dem König zu präsentieren. Er gab sogar jeden Abend ein Diner für einige Damen mit den Prinzessinnen... »

DIE TRIANON-SCHLÖSSER

DAS SCHLAFGEMACH DER KÖNIGIN DER BELGIER

Im Jahr 1845 ließ Ludwig Philipp den ehemaligen Speisesaal Ludwigs XV. in ein Schlafgemach für seine Tochter Louise-Marie von Orléans umgestalten, die 1832 Leopold I. von Sachsen-Coburg, König der Belgier, geheiratet hatte. Das Mobiliar wurde aus den Tuilerien herangeschafft; das Bett hatte Kaiserin Joséphine gehört. Es wurden zwei Kommoden und eine Konsole im Boulle-Stil hinzugefügt.

Kommode im Boulle-Stil

Herzog de Saint-Simon

« Am Dienstag den 17. Dezember 1697 begab sich der gesamte Hof gegen vier Uhr nach Trianon, wo man bis zur Ankunft des Königs und der Königin von England spielte. Der König begleitete sie zu einer Empore, wo man von den Gemächern der Madame de Maintenon auf den Theatersaal stieg. Der Rest des Hofes blieb unten im Saal. Die herrliche Oper Yssé von Des Touches wurde sehr gekonnt vorgeführt. »

DIE TRIANON-SCHLÖSSER

DAS TOPOGRAPHISCHE KABINETT DES KAISERS

Hier begann das Gemach der Madame de Maintenon, welches wir heute in der von Napoleon I. als Privatgemach umgestalten Ausstattung sehen. Unter Ludwig XIV. hieß es Quellensalon in Anspielung auf das Boskett, auf welches es zeigte.

Marquis de Souches,
23. Juli 1685
« Am 23. Juli feierte man in Versailles die Vermählung des Herzogs de Bourbon mit Mademoiselle de Nantes [...] um 10 Uhr, der König erschien am Fuße des Trianon, und nachdem man sich in den Garten begeben hatte, wurde in den vier die Laubengänge des Gartens abschließenden Kabinetten ein herrliches Souper auf vier verschiedenen großen Tischen serviert, beleuchtet von zahlreichen Lüstern aus Kristall.»

DAS SCHLAFGEMACH DES KAISERS

Hier wurde die Empire-Epoche wieder hergerichtet. Die in Lyon gewebten Wandbehänge aus gemsfarbenem Moiré mit lila- und silberfarbenem Muster wurde 1807 an Joséphine geliefert und für Napoleon 1809 in Trianon wieder verwendet.

DER SPIELSAAL

Bis 1703 beherbergte dieser und der folgende Raum einen Theatersaal, der auch in einen Ballsaal verwandelt werden konnte und mit einer Empore für den König ausgestattet war.
In diesem Jahr ließ sich Ludwig XIV. hier ein neues Gemach einrichten. Unter Ludwig XV. befanden sich hier ein Spielsalon, ein Speisesaal und ein Büfettsaal.

KÖNIGIN HORTENSE, 25. DEZEMBER 1809

« [Der Kaiser] begab sich nach Trianon und bat uns [Hortense und Joséphine], ihm einen Besuch abzustatten. Ich begleitete meine Mutter. Diese Begegnung war ergreifend. Der Kaiser lud sie zum Diner ein. Wie üblich nahm er ihr gegenüber Platz. Nichts schien anders zu sein. Die Königin von Neapel und ich waren allein. Es herrschte ein tiefes Schweigen. Meine Mutter konnte nichts zu sich nehmen, und ich sah sie am Rande der Ohnmacht. Der Kaiser wischte sich zwei- oder dreimal über die Augen, ohne ein Wort zu sagen, und wir verabschiedeten uns sofort nach dem Diner. »

DIE COTELLE-GALERIE

Diese Galerie ist mit elf Fenstern weit zum Süden geöffnet und daher sehr hell; fünf Fenster zeigen nach Norden, um sich gegen die harten Winterzeiten zu schützen. Ende 1687 wurden vierundzwanzig Gemälde in Auftrag gegeben (einundzwanzig des Malers Jean Cotelle); sie stellen die Boskette und die Fontänen von Versailles dar. Sie sind ein wertvoller Hinweis auf die Gestaltung der Gärten von Versailles und Trianon im 17. Jahrhundert. Ursprünglich waren in den Nischen Sofas aufgestellt; Ludwig Philipp ließ die zwei Erfrischungsbrunnen aus Languedoc-Marmor anbringen, die sich unter Ludwig XV. im Büfettsaal befanden. Am 4. Juni 1920 fand hier die Unterzeichnung des Friedensvertrages mit Ungarn statt, welcher den Ersten Weltkrieg beendete.

Ansicht der Parterres von Trianon mit Flora und Zephyr, von Jean Cotelle

172 – DIE TRIANON-SCHLÖSSER

DER GARTENSALON

Dieser an der Stelle des ehemaligen Parfumkabinetts des Porzellan-Trianon errichtete Salon beherbergte unter Ludwig XIV. ein Portikusspiel und anschließend, im 18. Jahrhundert, ein Billard. Sechs große Fenster bieten eine einmalige Aussicht auf die Gärten, daher sein Name.

Der Gartensalon, Außenansicht

DER FLÜGEL VON TRIANON-SOUS-BOIS

Dieser seit der 1967 durchgeführten Restaurierung des Großen Trianon dem Staatsoberhaupt vorbehaltene Flügel hat seine Türen vor kurzem dem Publikum geöffnet. Unter Ludwig XIV. war Trianon-sous-Bois von dessen Schwägerin Liselotte von der Pfalz und ihren Kindern, und unter Ludwig Philipp von dessen jüngstem Sohn bewohnt.

DAS ARBEITSZIMMER DES GENERALS

Das Arbeitszimmer des Generals De Gaulle gehört zu den zwischen 1962 und 1967 restaurierten Räumen und dient als Residenz für die Präsidenten der französischen Republik, wenn das Große Trianon zur offiziellen Residenz von Gästen Frankreichs wird.

DIE SCHLOSSKAPELLE

Dieser ehemalige Billardsaal Ludwigs XIV. wurde von Ludwig Philipp in eine Kapelle umgestaltet. Am 17. Oktober 1837 wurde hier die Heirat seiner zweiten Tochter, Prinzessin Marie, mit dem Herzog Alexander von Württemberg zelebriert. Die Säulen, die den Altar umrahmen, stammen vom Kuppelboskett; die Glasmalereien wurden in der Sèvres-Manufaktur angefertigt und stellen *Die Himmelfahrt Mariä* nach Pierre-Paul Prud'hon dar.

DAS KLEINE TRIANON

Das Kleine Trianon-Schloss wurde 1768 auf Anregung von Madame de Pompadour als Ergänzung des prachtvollen botanischen Gartens, der Menagerie und des französischen Pavillons errichtet. Der Entwurf dieses neoklassischen Bauwerks stammt von dem Architekten Gabriel; jeder Raum bietet eine neue Sicht auf die Gärten. Das Kleine Trianon ist jedoch hauptsächlich von Marie-Antoinette geprägt. Im ersten Jahr seiner Regentschaft vermachte Ludwig XVI. diesen Wohnsitz 1774 seiner Gattin, damit sie hier ihr Leben abseits des Hofes gestalten konnte. Der botanische Garten Ludwigs XV. wurde damals durch einen von Richard Mique gestalteten «anglo-chinesischen» Garten ersetzt. Anschließend wurden noch ein Liebestempel, ein Belvedere, ein chinesisches Ringspiel (eine Art Karussel), und 1780 ein Theater für die Königin installiert.

DER GESELLSCHAFTSSAAL

Dieser dem Spiel, der Unterhaltung und der Musik gewidmete Raum mit seinem nüchternen Dekor übermittelt eine gute Vorstellung des dem 18. Jahrhundert eigenen Bestrebens nach dem Glück. Die als Sopraporte angebrachten, von den *Methamorphosen* von Ovid inspirierten Gemälde zeugen von der Bedeutung, welche in Trianon den Blumen beigemessen wurde : *Die in eine Sonnenblume verwandelte Klytämnestra* und *Apollo und Hyazinthe*, von Nicolas-René Jollain; *Der in eine Anemone verwandelte Adonis* und *Der in eine Blumen gleichen Namens verwandelte Narziss*, von Nicolas-Bernard Lépicié. Das Straußenei auf dem kleinen runden Tisch stammt aus den Sammlungen der Madame Adelheid, eine der Töchter Ludwigs XV.

Marie-Antoinette mit Rose, von Elisabeth Vigée-Lebrun

MADAME CAMPAN, ERSTE KAMMERZOFE DER MARIE-ANTOINETTE

« Sie [Marie-Antoinette] fand großen Gefallen an ihrer Zurückgezogenheit in Trianon; sie begab sich alleine dorthin, gefolgt von einem Lakai, jedoch war dort alles für ihr Kommen bereit : ein Hausmeister und dessen Gattin, die ihr hier als Kammerzofe diente. »

DER FRANZÖSISCHE PAVILLON

In diesem 1750 von Gabriel errichteten Pavillon ruhte sich Ludwig XV. aus, wenn er den kurz zuvor angelegten botanischen Garten oder das neue Karussel von Trianon besuchte. Der Plan hat die Form eines Kreuzes. Vier Kabinette umrahmen einen großflächigen Rundsalon : ein Boudoir, ein Aufwärmeraum, eine Küche und eine Garderobe.

DAS THEATER

Marie-Antoinette liebte es, selbst in den Theaterstücken zu spielen, die nur für ihre Angehörigen vorgeführt wurden. Deshalb wünschte sie sich ihr eigenes Theater in der Nähe des Kleinen Trianon, wo sie sich oft aufhielt. Ihr Architekt Richard Mique baute es zwischen 1778 und 1780. Die dezente Außenansicht verrät nichts über den Reichtum seines Innendekors. Die Bühne, auf der sogar Opern aufgeführt werden konnten, erscheint beinahe disproportioniert im Vergleich zu dem verhältnismäßig kleinen Saal, aber das Theater war ja für ein begrenztes Publikum bestimmt. Die ganz in blau und gold gehaltene Ausstattung besteht aus anspruchslosen Materialien, beispielsweise Pappkarton für die Skulpturen oder bemaltes Holz als geäderte Weißmarmorimitation. Die nicht mehr vorhandene, von Lagrenée angefertigte Deckenmalerei stellte Apollo, die Musen und die Grazien dar und wurde von einer Kopie ersetzt.

MADAME CAMPAN, ERSTE KAMMERZOFE DER MARIE-ANTOINETTE

« *Die unvorhergesehene Herausforderung* war eines der in Trianon aufgeführten Stücke. Die Königin spielte die Rolle von Gotte, Madame Elisabeth die junge Person, und der Graf d'Artois eine der Männerrollen. Die Rolle der Colette in *Der Dorfwahrsager* wurde von der Königin wirklich sehr gut gespielt. In den folgenden Jahren wurden ebenfalls *Der König und der Bauer, Rose und Colas, Der Hexer, Der Engländer in Bordeaux, Man denkt niemals an alles, Der Barbier von Sevilla,* usw. aufgeführt. »

DIE TRIANON-SCHLÖSSER — 183

DAS BELVEDERE

Auf dem Hügel, der den See überragt, errichtete Richard Mique 1777 diesen neoklassischen Pavillon, dessen Skulpturen am Frontgiebel die Gartenfreuden darstellen; die Basreliefs symbolisieren die vier Jahreszeiten. Der Innenraum ist mit einem Boden aus Marmormosaik ausgestattet. Die Wände sind mit Arabesken von Le Riche verziert, und auf der Kuppel malte Lagrenée einen heiteren Himmel mit schweifenden Wolken und kleinen Armoren.

Oben :
Beleuchtung des Belvedere
und des Felsens am 3. August 1781,
zu Ehren von Joseph II.,
Bruder von Marie-Antoinette,
von L.-Cl. Châtelet

DER LIEBESTEMPEL

1778 errichtete Richard Mique diesen aus dem Schlafgemach der Königin im Kleinen Trianon sichtbaren «Liebestempel», in dessen Zentrum die Skulptur *Armor spitzt seinen Pfeil* von Bouchardon angebracht wurde. Es handelt sich um eine Kopie, die der Künstler selbst von dem heute im Louvre-Museum ausgestellten Original anfertigte.

Armor spitzt seinen Pfeil in der Herkuleskeule von Bouchardon (Kopie des im Louvre-Museum ausgestellten Originals)

DER WEILER DER KÖNIGIN

Dieses zwischen 1783 und 1785 von Mique errichtete Dorf umfasste zwölf Häuser, von denen heute noch sechs bestehen. Es war nicht das erste im 18. Jahrhundert gebaute «Romandorf»; Madame de Lamballe besaß ihr eigenes Dorf in Rambouillet, und das Fürstenhaus Condé hatte sich eins in Chantilly errichten lassen. Von außen gab alles den Eindruck eines wirklichen, von einfachen Leuten bewohnten Dorfes und stand in Kontrast mit den raffinierten Innenausstattungen der kleinen Häuser.

Gegenüber eines künstlichen Sees befindet sich das Haus der Königin. Links führt eine kleine Brücke zum Haus des Wächters und zum Taubenschlag. Von der Scheune (die auch als Ballsaal diente) und der Molkerei bleiben nur Spuren der Fundamente bestehen.

Abseits des Weilers befindet sich ein richtiger Bauernhof, der 1993 restauriert wurde : «man kultivierte die Gärten, pflügte die Acker, stuzte die Bäume und erntete das Obst. Von ihrem Haus beobachtete die Königin den Esel, der das Getreide zur Mühle brachte...» (Pierre de Nolhac).

Die Wassermühle, 1994 restauriert

Das Haus der Königin besteht in Wirklichkeit aus zwei durch eine Galerie verbundenen Gebäuden : links das Billard, und rechts das eigentliche Haus der Königin. Dahinter befindet sich das «Aufwärmegebäude»; es wird zur Zeit restauriert

Der Marlborough-Turm, in dessen Sockel sich ein Angelplatz befindet

CRÉDITS PHOTOGRAPHIQUES

P. 16 : RMN ; p. 18 : RMN/Blot ; p. 19 : RMN/Blot ; p. 20 : Art Lys/Girard ; p. 21 : RMN/Arnaudet ; p. 22 : RMN/Blot ; p. 23 : RMN ; p. 24 : RMN/Blot ; p. 25 : RMN/Blot ; p. 26 : RMN/Blot ; p. 27 : RMN/Blot ; p. 28 : Art Lys/Février ; p. 29 : RMN/Bréjat ; p. 30 : RMN/Blot ; p. 31 : RMN/Blot ; p. 32 : RMN ; p. 33 : RMN/Blot ; p. 34 : RMN/Arnaudet/Lewandowski ; p. 36 : RMN/Blot ; p. 37 : RMN/Bréjat ; p. 38 : RMN ; p. 39 : RMN/Bréjat ; p. 40 : RMN/Bréjat ; p. 41 : RMN/Bréjat ; p. 42 : RMN/Blot ; p. 43 : RMN/Bréjat ; p. 44 : RMN/Bréjat ; p. 46 : RMN/Arnaudet ; p. 47 : RMN/Blot/Lewandowski ; p. 48 : RMN/Blot ; p. 49 : RMN/Blot ; p. 50 : RMN/Blot/Lewandowski ; p. 52 : RMN/Bréjat ; p. 53 : Art Lys/Février ; p. 54 : RMN/Arnaudet ; p. 55 : RMN/Bréjat ; p. 56 : RMN ; p. 58 : RMN/Blot ; p. 59 : RMN/Blot/Jean ; p. 60 : RMN/Bréjat ; p. 62 : RMN/Bernard ; p. 63 : RMN ; p. 64 : RMN/Blot ; p. 65 : RMN/Blot ; p. 66 : RMN ; p. 67 : RMN/Blot ; p. 68 : RMN/Arnaudet ; p. 69 : RMN/Blot ; p. 70 : RMN ; p. 71 : RMN/Blot, RMN ; p. 72 : RMN/Bréjat ; p. 73 : RMN/Peter Willi ; p. 74 : RMN ; p. 75 : RMN/Jean/Marbœuf ; p. 76 : RMN/Arnaudet/Blot ; p. 77 : Art Lys/Varga ; p. 78 : RMN/Bréjat ; p. 79 : RMN/Blot ; p. 80 : Art Lys/Varga ; p. 82 : Art Lys/Février ; p. 83 : RMN/Lewandowski ; p. 84 : RMN/Bréjat ; p. 85 : RMN/Bréjat ; p. 86 : RMN/Blot ; p. 87 : RMN/Blot, RMN/Bernard ; p. 88 : Art Lys/Burnier, RMN/Bernard ; p. 89 : Art Lys/Burnier ; p. 90 : RMN/Bréjat ; p. 91 : RMN/Bréjat ; p. 92 : RMN/Blot ; p. 93 : Art Lys/Varga ; p. 94 : RMN/Bréjat, RMN/Blot ; p. 95 : RMN/Lewandowski ; p. 96 : RMN/Blot ; p. 97 : RMN/Blot, RMN/Arnaudet/Lewandowski ; p. 98 : RMN ; p. 99 : Art Lys/Varga ; p. 100 : RMN/Bréjat ; p. 101 : RMN/Bréjat ; p. 102 : RMN/Bréjat ; p. 103 : RMN/Bréjat, RMN/Blot ; p. 104 : RMN/Blot, RMN/Bréjat ; p. 105 : RMN/Bréjat, RMN/Blot ; p. 106 : RMN/Arnaudet/Lewandowski ; p. 107 : RMN/Lewandowski ; p. 108 : RMN/Blot, RMN/Arnaudet ; p. 109 : RMN ; p. 110 : RMN/Arnaudet ; p. 111 : RMN/Blot ; p. 112 : RMN/Blot ; p. 113 : RMN/Arnaudet ; p. 114 : Art Lys/Girard ; p. 116 : Art Lys/Février ; p. 117 : RMN/Arnaudet, Art Lys/Girard ; p. 118 : Art Lys/Schmitt ; p. 119 : RMN/Bréjat ; p. 120 : Art Lys/Février ; p. 122 : RMN/Bréjat ; p. 123 : Art Lys/Février ; p. 124 : Art Lys/Février ; p. 125 : RMN/Bréjat ; p. 126 : Art Lys/Février ; p. 127 : Art Lys/Février, RMN/Bréjat ; p. 128 : RMN/Arnaudet ; p. 129 : RMN/Bréjat ; p. 130 : Art Lys/Schmitt, Art Lys/Février ; p. 131 : Art Lys/Février ; p. 132 : Art Lys/Girard, RMN/Blot, p. 133 : RMN/Blot, Art Lys/Burnier, Art Lys/Girard ; p. 134 : RMN/Bréjat, Art Lys/Girard ; p. 135 : RMN/Bréjat ; p. 136 : RMN/Arnaudet ; p. 137 : RMN/Bréjat ; p. 138 : Art Lys/Février ; p. 139 : Art Lys/Février ; p. 140 : RMN/Bréjat, RMN ; p. 141 : Art Lys/Février ; p. 142 : Art Lys/Février ; p. 143 : RMN/Arnaudet/Blot, Art Lys/Girard ; p. 144 : Art Lys/Girard, RMN/Blot, Art Lys/Février ; p. 145 : Art Lys/Girard, Art Lys/Février ; p. 146 : Art Lys/Février, RMN/Blot ; p. 147 : Art Lys/Girard ; p. 148 : Art Lys/Février ; p. 149 : Art Lys/Girard ; p. 150 : RMN/Blot ; p. 151 : Art Lys/Février ; p. 152 : Art Lys/Girard ; p. 153 : Art Lys/Girard ; p. 154 : Art Lys/Février ; p. 155 : Art Lys/Février ; p. 158 : RMN/Blot ; p. 159 : Art Lys/Girard ; p. 160 : RMN/Blot ; p. 161 : RMN/Blot ; p. 162 : RMN/Bréjat ; p. 163 : RMN/Bréjat ; p. 164 : RMN/Blot ; p. 165 : RMN/Blot, RMN/Bréjat ; p. 166 : RMN/Bréjat ; p. 167 : RMN/Bréjat ; p. 168 : RMN/Bréjat ; p. 170 : RMN/Blot ; p. 171 : RMN/Blot ; p. 172 : RMN/Blot ; p. 173 : RMN/Blot ; p. 174 : RMN/Bréjat ; p. 175 : RMN/Bréjat ; p. 176 : RMN/Bréjat ; p. 177 : RMN/Bréjat ; p. 178 : RMN/Blot ; p. 179 : RMN ; p. 180 : RMN/Blot ; p. 181 : RMN/Blot ; p. 182 : RMN ; p. 183 : Art Lys/Février ; p. 184 : RMN/Arnaudet, Art Lys/Girard ; p. 185 : Art Lys/Girard, RMN/Blot ; p. 186 : Art Lys/Burnier ; p. 188 : Art Lys/Burnier ; p. 190 : RMN/Blot.

Achevé d'imprimer
le 17 juillet 2000
sur les Presses de Bretagne, Rennes

Dépôt légal juillet 2000